Max Schneidewin

Studien zu Ciceros philosophischen Schriften

Max Schneidewin

Studien zu Ciceros philosophischen Schriften

ISBN/EAN: 9783743419513

Hergestellt in Europa, USA, Kanada, Australien, Japan

Cover: Foto ©Thomas Meinert / pixelio.de

Manufactured and distributed by brebook publishing software
(www.brebook.com)

Max Schneidewin

Studien zu Ciceros philosophischen Schriften

JAHRESBERICHT

des

STÄDTISCHEN GYMNASIUMS

und des mit demselben verbundenen

REALPROGYMNASIUMS

zu

HAMELN

für das

SCHULJAHR VON OSTERN 1892 BIS 1893.

Inhalt:

1. **Studien zu Ciceros philosophischen Schriften,** vom Oberlehrer Professor Dr. **Schneidewin.**
2. **Schulnachrichten,** vom Direktor **Dr. Dörries.**

Hameln 1893.

Buchdruckerei von C. W. Niemeyer.

1893. Progr. No. 305.

Ein zusammenfassender und metakritischer Rückblick

auf Cicero's Beurteilung der Epikureischen Ethik

in seinem zweiten Buche de finibus.

Das erste Buch Cicero's de finibus enthält eine sehr plane, wohlgeordnete, jeden Punkt zu seiner Zeit in der gerade fortschreitenden Gedankenentwickelung heranziehende und erledigende Darstellung der Epikureischen Ethik. Cicero stimmt dieser Ethik nicht zu, er ist ihr entschiedenster Gegner: er lässt daher der Darstellung, welche er durch keinerlei Beurteilung unterbrochen dem begeisterten Epikureer Torquatus in den Mund gelegt hat, eine eingehende Kritik folgen, welcher das zweite Buch derselben Schrift gewidmet ist. Dieses Buch ist inhaltsreich und gedankenschwer, aber eine gleich klare und übersichtliche Behandlung des Gegenstandes, wie das erste sie darbot, lässt sich ihm nicht nachrühmen. Es zeigt sich zunächst bald, dass die Kritik (die Untersuchung quale Epicurus sentiat) der Darlegung quid sentiat nicht genau sich anschmiegt, was allerdings leicht einen etwas pedantischen Eindruck hätte machen können. Aber auch die neue Ordnung der kritischen Gedanken weist keine lichtvolle Gliederung auf. Cicero unternimmt bald von dieser, bald von jener Stelle her einen Sturmlauf gegen die Epikureische Festung, er überlässt sich oft gewissen Zufälligkeiten der Gedankenführung, greift vor und fällt zurück, er überstürzt sich im Feuereifer für seine Herzenssache: praktischer Idealismus gegen Hedonismus; kurz etwas trübe quirlend läuft in diesem Buche der Strom des Gedachten einher; was Cicero (§ 18) dem Epikur vorwirft, „ruit in dicendo", das lässt sich auf seine eigene Darstellungsweise in diesem Buche nur zu sehr übertragen*).

Es ist in diesem Falle ganz ausgeschlossen, dass etwa die sogenannte höhere philologische Kritik durch Umstellungen und Ausscheidungen oder Entdeckung von Lückenhaftigkeit der Ueberlieferung dem Text des zweiten Buches zu einer ähnlichen Klarheit sollte verhelfen können, wie sie dem ersten eigen ist, es müsste sonst, wie weiter unten hervortreten wird, in einer aller Wahrscheinlichkeit spottenden Weise alles auf den Kopf gestellt und willkürlich in neuen Zusammenhang gebracht werden. Die Unzerreissbarkeit des Textes an allen Bindestellen spricht sonnenklar in sich selbst für die wesentliche Echtheit des grossen Ganges unserer Ueberlieferung.

*) „Der Beurteilung fehlt es an festen Gesichtspunkten". Teuffel, Gesch. d. röm. Litteratur, 2. Aufl., S. 327.

Es ist ferner bei unserem Besitzstande an griechischen litterarischen Denkmälern nicht auszumachen, ob dem Cicero selbst oder seiner griechischen Quelle die übele Ordnung seiner kritischen Gedanken zur Last fällt. Für das fünfte Buch de finibus gilt (Zeller, die Philos. d. Griechen III, 1, 3. Aufl., S. 650, Anm. 5) Antiochus von Askalon als das griechische Original der Ciceronischen Darstellung; „dass aber auch die übrigen in ähnlicher Weise entstanden sind, steht ausser Zweifel"*). Für teilweise Selbständigkeit der Ciceronischen Arbeit spricht die Einlegung lateinischer Dichterstellen (bes. c. VIII) und die Einmischung geschichtlichen Stoffes aus der römischen Welt (bes. c. XVII—XX), denn die Griechen „sua tantum norant, sua admirabantur", sie waren in der Zeit ihrer nationalen Geschichte einsprachig gebildet und lernten sicherlich auch in den Anfängen der gewissen griechisch-römischen Nationalitätsverschmelzung im römischen Weltreich nicht so eifrig Lateinisch, wie die bildungsbegierigen unter den Römern Griechisch. Jedenfalls hätte Cicero, falls sein griechisches Vorbild in diesem Falle strengeren logischen Anforderungen an die Anordnung des Stoffes nicht entsprach, diesen Fehler durch formale Umarbeitung sachlich gebilligter Ausführungen zu überwinden gut gethan. Uebrigens kommt es für uns weniger darauf an, von wem die gerügte Qualität der Darstellung in dem zur Rede stehenden Schriftganzen herstammt, als dass wir uns über den Werth dieses so zu sagen unpersönlichen corpus scriptum klar sind, zumal für die litteraturgeschichtliche Würdigung Cicero's unermessliches Material übrig bleibt, in welchem der Anteil seines ingenium, seines Fleisses und seiner Bildungsquellen offen zu Tage liegt.

Bei dem Lesen des zweiten Buches de finibus findet man zunächst eine grosse Anzahl von Haupteinwendungen gegen die Auffassungen der Epikureer vom sittlichen Leben, also ihre hedonistische Ethik, sich aus den Massen mehr oder weniger deutlich hervorheben; ich habe deren 21 angemerkt. Ihre Ausführung lässt meist einzelne untergeordnete Momente hervortreten, und auch deren Ausführung öfters noch wiederum untergeordnete Momente. Die Behandlung in der Schule, wie sie vor den Lehrplänen vom 6. Januar 1892 auch wohl einen Theil von Cic. de finibus heranziehen konnte, musste natürlich bei der Lektüre selbst diese Haupt- und die ihr untergeordneten Momente feststellen, so wie sie sich aus der wirklich vom Schriftsteller beliebten Darstellung ergeben, ohne in einer immer weiter gehenden Spaltung und Gliederung des Guten allzuviel zu thun**). Nach Vollendung der ganzen Lektüre des Buches aber ist ein zusammenfassender Rückblick ein für das wissenschaftliche, wie ehemals das praktische Interesse gleich unabweisliches Bedürfnis. Um aber eine klare Orientierung über das Ganze zu gewinnen, wird es für den Rückblick genügen, ja nützlich sein, sich an die (21) Hauptpunkte zu halten. Ohne freie Umstellung und Gliederung derselben ist aber meiner Ansicht nach eine solche wirklich klare Orientierung nicht zu erreichen,

---

*) Carl Hartfelder sucht in seiner Dissertation „De Cicerone Epicureae doctrinae interprete" (Karlsruhe 1875), S. 21—36 sehr findig nachzuweisen, dass die griechische Quelle Cicero's für sein zweites Buch de finibus ein Auszug des Antiochus von Askalon aus der Schrift des Chrysipp περὶ τελῶν (Diog. Laert. VII, 85) gewesen sei.

**) Ich habe in meiner Deutsch und Lateinisch gefassten Disposition der Miloniana und Sestiana (Hameln 1878) solche Gliederung des Stoffes bis zu dem meines Erachtens praktisch zulässigen äussersten Grade durchgeführt, finde aber z. B. Friedrich Gebhard in seinem „Gedankengang Horazischer Oden" (München 1891), dieses Maass schon überschreiten, sofern er bisweilen aus einem einzigen Worte schon ein dispositionelles Gedankenmoment macht.

Wie die Umstellung und Neugestaltung des Stoffes auszuführen ist, das ist Sache eines so zu sagen probirenden Nachdenkens, welches zuvor alles Einzelne so in sich aufgenommen hat, wie es der Schriftsteller giebt. Eine Willkür oder gar Impietät gegen die Ueberlieferung liegt dabei nicht vor, vielmehr wird jeder, der in der Geschichte der Philosophie gearbeitet hat, öfters die Erfahrung gemacht haben, dass es den Nachgeborenen durch eigenes Umdenken philosophischer Gedankengewebe vergönnt ist, einen Philosophen — wie es E. v. Hartmann in Beziehung auf unsere Beherrschung der Kantschen Philosophie ausdrückt — besser zu verstehen, als er sich selber verstand, ja bisweilen verstehen konnte.

Für die nun folgende Feststellung der Hauptzüge der Kritik, welche Cicero an der Epikureischen Ethik ausübt, bemerke ich, dass ich die entsprechenden Stellen, an welchen bei Cicero selbst die Haupteinwände zu stehen gekommen sind, mit den lateinischen Zahlen I–XXI und den Angaben der Paragraphen hinzugefügt habe; daraus wird auch der Unterschied der wirklichen und der durch das Sieb der Umdenkung gegossenen Anordnung deutlich ersichtlich und mittelbar zugleich die thatsächliche Disposition leicht mitzugewinnen sein*).

Cicero vollzieht also **I.** eine Kritik Epikureischer **Lehrpunkte**, **II.** eine Kritik Epikureischer **Argumente**, **III.** einen positiven **Gegenaufbau** ethischer Fundamentalsätze. Für die Auseinanderhaltung von I. und II. scheint mir massgebend, dass er oft die Epikureischen Ansichten ohne Rücksicht auf ihre Schulbegründung direkt auf ihren Inhalt hin angreift, dann aber wieder die Schulargumente als solche ins Auge fasst.

Zu *I.*: *A.* Kritisierung einzelner Lehrpunkte.

1) (I, § 3–21, § 28–30.) Das ethische Ziel (τέλος) ist bei Epikur zweideutig (enthält eine Amphibolie der Begriffe). Bald ist es die (positive) Lust, bald die Schmerzlosigkeit (indolentia). Diese beiden aber sind begrifflich verschieden. Er hätte also sich offen zu einem Dualismus hinsichtlich des Zieles bekennen sollen.

2) (XV, § 86–95.) Das Epikureische Glück ist seiner Art nach kein Glück.

a) Es kann verloren werden, was der Idee eines höchsten Gutes widerspricht.

b) Die Länge seiner Dauer ist mit nichten, wie Epikur es doch annimmt, gleichgültig für dasselbe. Denn Glück einmal = Lust gesetzt, so muss seine Grösse der Zeit, welche hindurch es genossen wird, proportional sein, und das an und für sich philosophische Bestreben des Epikur, die Eudämonie von dem zufälligen Momente des längeren oder kürzeren Menschenlebens des Sub-

*) Die Abhandlung des Dr. Gustav Bohncke (Progr. des Fr.-W.-Gymn. zu Berlin 1879) „De Cicerone Epicureorum philosophiae existimatore et iudice" behandelt ihrem Titel nach dasselbe Thema. Denn für die Ciceronische Kritik des Epikureismus ist eben das zweite Buch de finibus die eigentliche und bei weitem bedeutungsvollste Unterlage. Bohncke hält sich aber an das erste Buch und kritisiert die dortige Ciceronische Darstellung der Epikureischen Lehren hinsichtlich ihrer Vollständigkeit und Schärfe der Auffassung, mit Geist, aber merklicher Voreingenommenheit für den Griechen Epikur gegen den Cicero, der eben nur ein Römer war; wer könnte diese Strömung des philologischen Urteils nicht an mancherlei Beispielen? Die S. 24 für später in Aussicht gestellte Behandlung des zweiten Buches ist nicht erfolgt. Sie wäre doch für eine Darstellung Cicero's als Kritikers der Epikureischen Ethik nötiger gewesen als die Analyse des so übersichtlichen ersten Buches, für welche auch schon vorliegt Göring, primi Cic. de finn. libri descriptio, Lübeck 1831.

jektes der ἡδονή unabhängig zu machen, widerspricht seiner Grundaufstellung (eben, dass εὐδαιμονία = ἡδονή sei).

c) Die Hausapotheke (das narthecium) des Epikur gegen den Schmerz: „si longus levis, si magnus brevis“ beruht erfahrungsmässig oft genug auf Unwahrheit.

3) (XVIII. § 107.) Alle voluptates können mit nichten auf die animalische Seite unserer Natur (corpus) zurückgeführt werden. Vielmehr liegen zahlreiche Beispiele von voluptates auf der Hand, die, wenn auch irgendwie zunächst sinnlich vermittelt, doch ihrem Inhalt und Verlauf nach ganz wesentlich geistig sind (die Freude an Natur, Kunst, Wissenschaft u. s. f.)

4) (XIX, § 108–110.) Die Lehre, dass trotz des „Bezogenseins“ aller Lust auf die Leiblichkeit die geistige Freude, weil sie nämlich neben der Gegenwart auch Zukunft und Vergangenheit umfasst, dennoch grösser sein soll als die sinnliche, ist mit jener ihrer Voraussetzung nicht wohl vereinbar: es müsste sonst der ferner stehende Gratulierende beglückter sein als der zunächst freudig betroffene Beglückwünschte.

B. Gesamturteil über Epikur's Güterlehre.

1) (IV, § 28. 73 fin. 117 fin.) Die Epikureische Hedonik führt zu der Konsequenz, dass die vollkommenste Verborgenheit vor Augen und Wissen der Menschen vorausgesetzt (insipientibus hominibus) sogar die in sich selbst hässlichste und schimpflichste voluptas erlaubt sein würde.

Wenn das persönliche Verhalten Epikurs und wohlgesinnter Epikureer dem widerspricht und beide sich sträuben die Folgerung zuzugeben, so ist das nur der Fall, weil sie von ihrem besseren Selbst im stillen Lügen gestraft (bonitate naturae victi) von ihren eigenen Prinzipien abfallen. (XVI, § 96–100.)

2) (XIII, § 74–77.) Epikur's Hedonik richtet sich dadurch, dass man von ihr im öffentlichen Leben keinen Gebrauch machen darf, widrigenfalls man sich vor der unmittelbaren und gesunden Volksmoral unmöglich machen würde.

3) (XI, § 67–69.) Das Zeugnis der Geschichte und ihrer grossen Männer ist stumm für den Epikureismus, sofern alle grossen Thaten aus ganz anderen Antrieben als denen der Eigenlust hervorgegangen sind.

4) (XXI, § 116–119.) Jede laudatio wird vielmehr aus ganz anderen Gesichtspunkten gespendet als für ein kluges Zusammenzimmern der Eigenlust.

Zu *II:*

1) (V, § 31–35.) Die Berufung Epikur's (für seine Grundlehre, dass die Lust das höchste Gut sei) auf das Zeugnis der Tiere ist zu verwerfen. Denn

a) soll es für die positive Lust (voluptas in motu) oder für die negative (v. in statu) sprechen? Das ist unklar, der Sachverhalt und Epikur's Aeusserungen sehen bald einmal nach der einen, bald nach der anderen Seite der Alternative aus.

b) die Tiere sind, wenn auch nicht verderbt (depravata), so doch ihrer unmittelbaren Natur nach verkehrt, unvernünftig (prava).

c) das ursprüngliche Streben der Tiere geht in Wahrheit auch nicht nur auf Lust. Vgl. § 110.

2) (VI, § 36—38.) Ebenso zu verwerfen ist die Berufung auf das Zeugnis der Sinne. Das Urteil der Sinne ist ein ganz (auf enge Sphären einfacher Empfindungsqualitäten) beschränktes, allgemein ist nur das Urteil der Vernunft.

3) (X, § 63—66.) Das Schwelgen in allen voluptates führt mit nichten zur vita beata (vgl. § 114). Man vergleiche einen Regulus oder (§ 119) das alte griechische Heldenideal eines Hercules dem Werthe ihres Lebensgehaltes nach mit einem Thorius Balbus, welcher als ein das Epikureische Glücksideal verkörperndes Beispiel angesehen werden kann. Die luxuria (II, § 21—25*) mag zum „lubenter vivere“ gehören, zum „bene vivere“ sicher die sobrietas.

4) (IX, § 60—62.) Die Gesinnung grosser Männer wird sich die künstliche und aller Ueberzeugungskraft ermangelnde Erklärung aus dem Streben nach Eigenlust nicht gefallen lassen.

5) (XIV, § 78—86.) Die Freundschaft ist jedenfalls und wie sich die Epikureer auch drehen und wenden mögen, um sie mit ihren Prinzipien in Einklang zu bringen, eine Erscheinung des sittlichen Lebens, aus welcher die uneigennützige Liebe nicht verdrängt werden kann.

Zu *III:*

1) (VII, § 40 f. 113.) Die körperliche und geistige Veranlagung des Menschen beweist, dass er zu noch Höherem (altiora quaedam et magnificentiora) bestimmt ist als zum Genuss der voluptates, nämlich zum Erkennen und Handeln (wobei das Moment der ποίησις, das Schaffen, neben der φρόνησις und πρᾶξις vergessen ist).

2) (VIII, § 45—47.) Aus der Betrachtung der geistigen Seite der Menschennatur ergeben sich vier Aufgaben des Menschen, deren vollkommene Erfüllung je eine Kardinaltugend ausmacht: die Erkenntnis, das ideale Verhalten in der sozialen Gemeinschaft (iustitia), die Seelengrösse (fortitudo), die Selbstbeherrschung und Ausgestaltung des Lebens mit dem formell Schönen (dem decorum), der individualisierten Verkörperung des inneren honestum. (Hindeutung auf das erste Buch de Officiis.)

Ausgelassen sind oben von der Ciceronischen Darstellung selbst die Punkte III, XII, XVII, XX, die gleichfalls als Hauptmomente der Kritik erscheinen müssen, aber sich nur auf besondere Ausgestaltung der Epikureischen Ethik beziehen. Von ihnen gehören III, XII und XVII zu I A, XX zu I B.

In III (§ 26—28) wendet sich Cicero gegen die Epikureische Trichotomie der Bedürfnisse, der zufolge diese sein sollen 1) notwendig und natürlich, 2) natürlich, aber nicht notwendig, 3) weder natürlich noch notwendig. Epikur hatte daran seine Lehre von der Leichtbeschafflichkeit des Glückes geknüpft (I, 45 f.), sofern die dritte Klasse der Weise mit Mass heranziehen müsse. Cicero bemängelt die Einteilung sowohl in formaler Beziehung, weil sie eine unrichtige Unterordnung vollziehe, als in inhaltlicher Hinsicht, sofern die Begierde nach dem weder Natürlichen noch Notwendigen nicht einzuschränken, sondern auszurotten sei.

---

*) Dieser Passus, auch durch dunkle und schlecht überlieferte, wenngleich an sich sehr interessante Citate aus Lucilius erschwert, ist nicht leicht für die Argumentation zu verwerthen und nur etwa der obige Satz als seine kurze Ausbeute für dieselbe herauszuschälen.

In XII (§ 70—73) bekämpft Cicero den Epikureischen Satz, sine virtute iucunde vivi non posse, nicht an sich, sondern im Epikureischen System, da die virtus nach dem Motive der Eigenlust keine echte virtus sei, welcher Gedanke in der etwas dunkeln Entwickelung am deutlichsten § 73 med. hervortritt.

XVII (§ 104—106) bekämpft die Epikureische Behandlung der Erinnerung als einer Lustquelle. Die Unterdrückung der Erinnerung an Uebeles stehe nicht in unserer Macht, die an Gutes falle nach Epikureischen Voraussetzungen nicht menschenwürdig aus, als eine Gedankenrumination von sinnlichen Genüssen.

In XX (§ 111—115) stellt Cicero weiter unerträgliche Konsequenzen der Lust-Theorie Epikurs zusammen:

1) Nach ihr seien die Tiere vor dem Menschen bevorzugt, weil die Natur ihnen den Weg zu einer ihrer Organisation entsprechenden Lust viel näher und bequemer gemacht hätte.

2) Nach ihr seien die ungeheueren Veranstaltungen des Lebens unbegreiflich, wenn so viel Lärm um die Omelette der voluptas gemacht würde.

3) Sogar auf leiblichem Gebiete seien Gesundheit, Kraft und Schönheit werthvoller als Lust.

4) Das Sichhineinstürzen in alle nur erdenkliche Lust als höchstes Lebensziel sei für den gesund fühlenden Menschen ein unerträglicher Gedanke.

Der wesentliche Inhalt der, wie gesagt, sehr mannigfach aus dem Vollen schöpfenden Ciceronischen Kritik dürfte mit der eben gegebenen Zusammenfassung in leichte Uebersichtlichkeit gebracht sein. Wo liegen nun aber die eigentlichen Kraftcentren, aus denen der Nerv der jedesmaligen Gegengedanken seine Energie zieht? Sie liegen in der meist stillschweigenden Berufung entweder auf die Denkregeln oder auf die äussere oder innere Erfahrung und Vernunfturteile: die Ciceronische Kritik der epikureischen Ethik ist teils eine formale (immanente, ad hominem), teils eine inhaltliche (absolute, ad rem). Ein Gedankensystem muss mindestens den Denkregeln entsprechen, um wahr sein zu können, es muss aber ausserdem der Erfahrung und begründeten Vernunfturteilen über den Stoff, worauf es sich bezieht, entsprechen, um wirklich wahr zu sein. Alle Ausstellungen Cicero's an dem Epikureismus gehen auf Bemängelung desselben aus einem der beiden Gesichtspunkte zurück.

Die drei formalen Denkregeln sind der Satz der Identität, der Satz des Widerspruchs, der Satz vom Grunde. Eine Konfrontation der Epikureischen Ethik mit den formalen Denkregeln findet in folgenden Fällen statt: 1) mit dem Satz der Identität in I. A. 1), II. 1) a), ausserdem III und XII des Nachtrages. Der Satz der Identität fordert inhaltliche Bestimmtheit im Gebrauch der Begriffe. In I. A. 1) aber äussert sich Epikur unbestimmt und schwankend hinsichtlich des Begriffes der Lust, die ihm bald positive Lustempfindung, bald der Nullpunkt der indolentia ist. Die gleiche Unbestimmtheit findet statt in II. 1) a), wo sich Epikur, als auf die vorbildliche Stimme der Natur, auf das ursprüngliche Streben der Tiere nach Lust beruft und sich nicht erklärt, ob sich jenes Streben auf Genuss oder auf Schmerzlosigkeit beziehen soll. In III des Nachtrages (§ 26) findet er eine mittelbare Verletzung des Satzes der Identität in der von Epikur vollzogenen

Einteilung der Bedürfnisse, sofern die erste Klasse, die „natürlichen und notwendigen", und die zweite, die „natürlichen und nicht notwendigen", das identische Merkmal der Natürlichkeit besitzen, demnach in der höheren Gattung der „natürlichen" und der Unterteilung in „notwendige" und „nicht notwendige" der zweiten Gattung (also in Dichotomie, statt Trichotomie) der „weder natürlichen noch notwendigen" oder, wie er sie selbst positiv nennt, „leeren" entgegengesetzt werden sollen. In XII. des Nachtrages bekämpft er die Epikureische Entlehnung des Satzes „sine virtute iucunde vivi non posse" von strenger denkenden Schulen, weil der Begriff der virtus bei Epikur nicht identisch sei mit dem Begriffe der virtus, unter dessen Voraussetzung nach Cicero allein der Satz gilt. Die „virtus" des Epikur ist nämlich nichts anderes als das rationelle Streben nach Eigenlust, die virtus jener andern Schulen aber die Angemessenheit an das Ideal des Menschenwesens nach den vier Hauptseiten seiner überanimalischen Veranlagung.

2) mit dem Satz vom Widerspruch in I. A. 2 b. Der Satz vom Widerspruch verbietet, dem nämlichen Gegenstande (in der nämlichen Beziehung und für die nämliche Zeit seines Daseins) ein Prädikat sowohl beizulegen als abzusprechen. Nun wollte sich Epikur offenbar gern mit den fremden Federn des den idealistischen Philosophen geläufigen Satzes schmücken, den Cicero einmal (Tusc. V, 5) mit den Worten ausspricht: „est autem unus dies bene et ex praeceptis virtutis actus peccanti immortalitati anteponendus". Cicero weist ihm mit Recht nach, dass das seinen Voraussetzungen widerspricht. Denn hängt der Wert des Lebens von dem Masse ab, in dem es das höchste Gut besessen hat, ist ferner das höchste Gut die Lust, so wird das mit einer längeren Zeitdauer multiplicierte Lustquantum ceteris paribus ein grösseres Gut als das mit einer kürzeren Zeitdauer multiplicierte, und findet mit nichten eine Gleichheit in beiden Fällen statt.

3) mit dem Satz vom Grunde in I. A. 4. Der Satz vom Grunde gebietet, in wissenschaftlicher Absicht kein Urteil zu fällen, ohne imstande zu sein, dafür mit einem zureichenden Grunde Rechenschaft abzulegen. Ist nach Epikur der Mensch als Subjekt sinnlicher Empfindung immer von der Lust näher betroffen denn der Mensch als Subjekt geistiger Gefühle, so müsste ein besonderer Grund dafür angegeben werden, dass die Intensität nicht abnehmen sollte mit der Entfernung von ihrem Empfindungsherde. (Cic. übersieht hier, dass Epikur die geistige Lust auch nicht grösser sein lässt als die sinnliche trotz oder gar wegen ihres längeren Vermittelungsweges, sondern wegen ihrer in der That von ihm hinzugefügten Eigenschaft, zugleich die Vergangenheit in der Erinnerung und die Zukunft in der Hoffnung zu umspannen. Epikur hätte die noch wichtigere Eigenschaft hinzufügen sollen, dass sie nach dem Urteil gerade der Besten, das freilich einer Rechtfertigung bedarf, nun auch unmittelbar in sich selbst als edler gilt, aber Epikur ist einmal in seiner Anschauung von der menschlichen Natur in dem Bilde der Thatsachen des sinnlichen Lebens befangen und hat für Thatsachen rein sittlicher Art weniger Verständnis.)

Es ist anzuerkennen, dass grösstenteils die Ciceronische Kritik die Lehren Epikurs an inhaltlichen Sätzen bemisst, denn nur auf diese Weise ringt man im wissenschaftlichen Streit nach der wirklichen Wahrheit, während man in der vorher besprochenen Weise nur dem Gegner hinsichtlich der formalen Richtigkeit seiner Aufstellungen etwas anhaben will und die Wahrheit selber auf sich beruhen lässt. Eine Konfrontation der Epikureischen Ethik mit sachlichen Momenten, die Cicero für richtig ansieht, findet also in allen übrigen Punkten statt, und zwar

1) mit der Erfahrung in I. A. 2 c, II. 1 c, und XX., 3 des Nachtrages. In allen drei Fällen kann die unmittelbare Erfahrung, die jedem offen liegt, in gar kein anderes Urteil gefasst werden als es von Cicero geschieht. Denn was II. 1 c betrifft, so ist in der That der Selbsterhaltungstrieb bei den Tieren (was auch die Stoiker, Spinoza und Fichte sehr betonen) ursprünglicher als der Trieb nach Lust.

2) mit der Erfahrung, sofern sie mit scharfer Aufmerksamkeit erfasst und richtig gedeutet wird, in I. A. 3, II. 1 b, II. 3 und XVII des Nachtrages. Cicero macht in allen vier Gegenaufstellungen offenbar richtiges aus der Erfahrung geltend, doch ist hier die Richtigkeit der betreffenden Erfahrungen eben nicht mehr unmittelbar gegeben, sondern immerhin erst aus einer denkenden Bearbeitung von thatsächlichem Material zu gewinnen.

3) mit bestehenden sittlichen Anschauungen in I. B. 1. 2. 3. 4. (also in dem ganzen Gesamturteil über Epikur's Güterlehre), II. 4. 5., endlich in XX. 1. 2. und 4. des Nachtrags. Bestehende sittliche Anschauungen sind auch Erfahrungsthatsachen, aber nicht mehr unmittelbares Erfahrungs-Material zur Begründung einer Theorie, sondern selbst schon unbewusste Ansätze zu einer Theorie. Cicero's Kritik wird hier von der Voraussetzung getragen, dass die wissenschaftliche Ethik nicht neue Normen des sittlichen Verhaltens schaffen, sondern sich nur Rechenschaft über die im Volke unreflektiert gehandhabten ablegen will. Das wird im allgemeinen gut zu heissen sein, denn das sittliche Leben würde zu spät aufstehen, wenn es erst auf den systematischen Aufbau des bewussten Gedankens warten wollte: der Ursprung der Durchdringung des menschlichen Lebens mit sittlichen Urteilen ist in der That nach der Analogie des unbewussten Wirkens animalischer Instinkte zu betrachten. Dennoch lässt sich der Fall denken und ist sicherlich oft wirklich, dass auf höheren Kulturstufen der bewusste Gedanke die unbewusst entstandene Volksmoral reinigen, mit neuen Aufgaben erfüllen, zu einer höheren Stufe fortreissen will. Aber im Verhältnis zur Epikureischen Theorie hatte offenbar die Volkssittlichkeit den höheren Inhalt, musste sie als Massstab und nicht als das zu bemessende dienen. So kann Cicero hier mit gutem Rechte gegen Epikur geltend machen, dass es in der sittlichen Volksanschauung Lüste giebt, die in sich selbst hässlich oder schimpflich sind (I. B. 1.), dass das sittliche Urteil im Volksleben (I. B. 2.) und in der Geschichte (I. B. 3. 4., vgl. II. 4.) von ganz anderen Gesichtspunkten für die Wertbeurteilung der Persönlichkeiten beherrscht wird als von dem, in welchem Grade jeder ein rationeller Zimmerer seiner Eigenlust ist, dass es in der Freundschaft uneigennützige Liebe giebt (II, 5), dass der Mensch vor den Tieren bevorzugt ist (XX, 1 des Nachtrags), dass das Ideal, sich in jede erdenkliche Lust hineinzustürzen, an dem Gefühl des Volksgewissens abprallt (XX, 4 des Nachtrags); und so kann er mit gutem Rechte hier dem Epikur die Konsequenzen seines obersten Satzes als im Widerspruch mit dem sittlichen Volksbewusstsein befindlich, als gerichtet und verurteilt durch dieses, zuschieben. Der Punkt XX, 2 des Nachtrages (wie auch der Punkt II, 4) wird freilich noch weiter unten einer tieferen Erwägung bedürftig sein.

4) mit anderweitig feststehenden Vernunfturteilen, und zwar

a) mit einem Lehrsatze der Psychologie oder, wenn man will, der Erkenntnistheorie, in II. 2. Nach Epikur sollten schon die Sinne, jeder für sich, das Urteil abgeben, dass ihre angenehme Erregung von allen Wesen stets gesucht, die unangenehme stets gemieden würde. Cicero kann dem gegenüber mit Recht geltend machen, dass die Sinne überhaupt gar nicht urteilen können, und dass ein allgemeines, alle möglichen Fälle unter sich begreifendes, Urteil insbesondere durchaus nur der Vernunft anheimfällt. Der Epikureismus kann freilich darauf erwidern, dass er sich nur einer Kürze des Ausdruckes befleissigt habe und keineswegs im Sinne einer, ja handgreiflich falschen, Erkenntnistheorie habe sprechen wollen.

b) mit der allen Sokratikern (also Akademikern, Peripatetikern und Stoikern) gemeinsamen Begründung der Sittlichkeit, in III. 1. 2. Mit einem fertigen System als einem Massstabe der Wahrheit kann man nicht wohl ein anderes kritisieren, welches denselben Sachverhalt eben richtiger auffassen und systematisieren will. Aber dieser dem Epikur entgegengehaltene Gegenbau setzt ebenso tief ein, um die Wertbestimmungen menschlichen Verhaltens begreiflich zu machen, wie Epikur selber, nämlich in dem gegebenen Menschenwesen als der sich darbietenden Grundlage alles dessen, was einmal als ethisch prädiciert werden soll. Nur hatte Epikur den Eckstein gelegt auf eine dem Menschen mit den Tieren gemeinsame Bestimmtheit ihres Wesens, die Empfänglichkeit für Lust und Unlust, als das von Natur gesuchte und gemiedene, und die Sokratische Ethik — wie ich sie einmal nennen will — legt ihn treffender und vielseitiger an vier Punkten, an denen sich deutlich die von der Natur selber gegebenen Ansätze zu specifisch menschlicher Tugend zeigen. Cicero kann also mit Recht zur Wahl stellen, ob man in der Aufgabe, die Richtschnur des rechten menschlichen Strebens zu finden, lieber den einseitigen und nicht einmal dem Menschen eigentümlichen Gesichtspunkt des Epikur oder die vier in eine harmonische Spitze auslaufenden Richtlinien der Sokratiker ergreifen will.

c) mit einer vorgefassten Idee, in I. A. 2. a. und III. des Nachtrages. Dass es ein unverlierbares höchstes Gut geben müsse, dieser Satz ist freilich nicht in der Konstruktion der vier Kardinaltugenden aus den sittlichen Anlagen des Menschenwesens enthalten, wenn auch in ihr die Voraussetzung herrschen mag, dass nicht nur das höchste menschlich gute, sondern auch das höchste menschliche Gut in der vollkommensten Ausbildung der sittlichen Anlagen des Menschenwesens besteht; und von der Erfahrung aus bieten sich zunächst einige auf der Hand liegende Einwendungen gegen die Unverlierbarkeit jedes menschlichen Gutes dar. Cicero stellt sich also in I. A. 2. a. nicht auf den Boden einer Thatsache oder eines wohl begründeten Vernunfturteils gegen Epikur, sondern eben auf eine vorgefasste Idee, ein stoisches Paradoxon, des Inhaltes, dass ein Gut, welches das Moment der Verlierbarkeit an sich trage, nicht das höchste Gut sein könne. Auch der Satz in III. des Nachtrages, dass die weder notwendigen noch natürlichen Bedürfnisse auszurotten seien, wird sich weiter unten nicht als ein ethisches Axiom, sondern als eine Frage der Ethik herausstellen.

Ein sehr fruchtbarer Weg, um zu vollem Verständnis fremder Lehraufstellungen und kritischer Herrschaft über sie zu gelangen, ist es oft, dass man den psychologischen Schlüssel zu ihnen in der geistigen Persönlichkeit ihres Urhebers aufsucht. Cicero betritt also endlich auch diesen Weg an einer Stelle, indem er

5) den Mangel an Konsequenz bei Epikur psychologisch erklärt, in I. B. I. Absatz. Die Aufstellung des Lustprincips durch Epikur würde nämlich nach Cicero die Folge haben müssen, dass Epikur es guthiesse, wenn der Mensch jede ihm zugängliche Lust mitnähme, vorausgesetzt nur, dass sie nicht an sich selbst eine grössere Unlust nach sich züge. Epikur heisst das nicht gut, stellt diese Konsequenz aus seinem Principe nicht auf, und dieser Mangel an folgerichtigem Denken wird offenbar dadurch verständlich, dass er als Mensch in den besseren Volksanschauungen befangen bleibt, die er vor dem Aussinnen seiner Theorie überkommen hat: denn in der Volksanschauung ist eben manche Art von Lust in sich selber unschön, nicht-menschlich, schimpflich. Die unbewusste Scheu des Gefühls ist in Epikur also stärker als das logische Gebot, folgerichtig zu denken, eine an sich seinem ethischen Princip anhängende Folgerung wird schon in dem besseren psychischen Besitz des Urhebers des Princips erstickt, und auf das Princip fällt das Urteil zurück, dass es sich nicht durchdenken lässt, ohne ein thatsächlich bestehendes Menschengefühl zu verletzen, welches der ethische Principialist nicht den Mut hat, für nunmehr ungültig zu erklären.

Ich glaube mit dem Obigen die Aufgabe gelöst zu haben, erstens für die Ciceronische Kritik der Epikureischen Ethik die unter der Laubfülle der Darstellung im zweiten Buche de finibus verborgenen festen Gesichtspunkte herauszuarbeiten und zweitens die einzelnen Einwendungen auf ihre Kraftquelle und ihr Kraftmass hin zu prüfen. Und doch fühle ich mich mit meiner Gesamtaufgabe, des Gedankengehaltes des zweiten Buches de finibus kritisch Herr zu werden, noch nicht am Ende. Soll denn in unsern eigenen sittlichen Begriffen und Anschauungen die durchmusterte antike Gedankenarbeit wie Oel auf dem Wasser schwimmen? So möchte es in unserem Falle sein, wenn erstens bei uns selber ein sittliches System eine unbedingte, seiner selbst gewisse Herrschaft besässe, und wenn zweitens die antike Kritik des Epikureismus sich völlig beziehungslos zu ihm verhielte, als ein rein geschichtliches Denkmal einer untergegangenen und von uns durchaus überwundenen Gesinnung. Beides ist nicht der Fall. Deshalb widersteht mir die wundersame Harmlosigkeit des früheren Gelehrtentums, in Dingen, über die wir selbst noch zu denken haben, nur das früher einmal gedachte festzustellen und sich ahnungslos von den alten Denkern beschämen zu lassen, denen es um den Schatz der sachlichen Wahrheit zu thun war, während man selber „froh ist, wenn man Regenwürmer findet". Es ist ja für die Aufgabe der Forschung ein ungeheuerer Unterschied, ob ihr Gegenstand, wie oft, in durchaus abgeschlossener Vergangenheit zurückliegt, oder ob er, wenn auch zum Teil in anderer Gestaltung, noch für uns lebendig und unentschieden uns umgiebt. Bei den Fragen der Philosophie ist grösstenteils das letztere der Fall, weshalb es mit Freuden zu begrüssen ist, wenn namentlich seit Strümpell (Die theoret. Philos. d. Griechen, Leipz. 1854) und Fr. Ueberweg die Geschichtsschreiber der Philosophie in der Darstellung des früher gedachten die Beziehung auf unser gegenwärtiges Wissen und Forschen nicht ganz ausser Acht lassen; ein Beispiel einer sogar ganz in diesem Geiste gehaltenen Monographie ist Baumann's „Plato's Phädon, philosophisch erklärt" (Gotha 1889), und schon früher Herbart, de Platonici systematis fundamento commentatio, Gott. 1805 (Werke Bd. XII, S. 61 ff.). Dass die Abwälzung der eigenen Denkarbeit auf das angeblich bereits vollzogene Urteil der Geschichte „zu dem Schlendrian der Herbetung einer fable convenue führen kann", habe ich in dem „Goldenen ABC der Philosophie" (Berlin, Fr. Stahn, 1891), S. 209 gezeigt. So würde denn in einer Betrachtung einer antiken Kritik einer antiken ethischen Ansicht das Wichtigste unausgesprochen bleiben, wenn wir die Auseinandersetzung zwischen dem alten Ethiker, dem alten Beurteiler und unserem eigenen ethischen Dafürhalten versäumen wollten*).

Vier grosse ethische Principienfragen finde ich zwischen Cicero und Epikur zur Entscheidung stehen, die sich auch heute noch (oder heute wieder) in der Schwebe befinden, und in welchen Stellung zu nehmen nicht nur eine Pflicht voller philologischer Hermeneutik und Kritik eines antiken Schriftwerkes, sondern noch viel mehr des denkenden Geistes ist, welcher nach Grunderkenntnissen strebt und über die richtige Lösung von fundamentalen Meinungsgegensätzen, die noch im Schosse unserer Zeit gähren, mit sich ins klare kommen möchte. Eine solche Frage ist:

I. Ist in der menschlichen Seele die Wirksamkeit unegoistischer Triebfedern möglich?

Cicero sagt (III, 2): Ja: in dem tugendhaften Verhalten wird thatsächlich die Uebereinstimmung mit der Idee des höheren Menschenwesens ohne Beziehung zur Eigenlust erstrebt; Epikur sagt (II, 1): Nein: jedes Wesen wird stets von dem Gedanken an seine Eigenlust (zu gewinnende Lust oder zu fliehende Unlust) in allen seinem Thun motiviert. Dem Epikur stellen sich gewichtige und der sittlichen Gesinnung ihrer Urheber nach durchaus nicht zu verdächtigende neuere Stimmen zur Seite, z. B. Malebranche (s. Ztschr. für exacte Philos. IV, 219), Pascal (Pensées I, 110, 47. II, 84, 116), Steudel (Prakt. Philos. S. 581 f.). Den von Steudel a. a. O. angeführten Gedanken Herders „Wir lieben andere nur als Teile unser selbst, oder vielmehr uns selbst in ihnen" spricht Lichtenberg (Verm. Schriften I, S. 83) noch deutlicher in der anrüchig gewordenen Fassung aus: „Man liebt weder Vater, noch Mutter, noch Frau, noch Kind, sondern die angenehmen Em-

*) Ich habe hier, um des Raummangels willen, den Versuch einer etwas ausgeführteren Skizzierung des gegenwärtigen Standes sowohl der volkstümlichen sittlichen Anschauungen wie der wissenschaftlichen Ethik gestrichen. Die Absicht dieser Skizzierung ging dahin, nachzuweisen, dass es auf diesem Gebiete Punkte giebt, die noch in der Schwebe sind und hinsichtlich deren noch keine Berufung an eine selbstverständlich gewordene Wahrheit einzulegen ist, ja dass dieses wichtigste Lebensgebiet gegenwärtig tiefen Schwankungen und Gährungen unterworfen ist. Diese Thatsache, welche auch sonst kein Geheimnis ist, findet man übrigens mit besonderer Schärfe dargestellt in der gekrönten akademischen Preisschrift von Carl Stange über „Die christliche Ethik in ihrem Verhältnis zur modernen Ethik", Göttingen 1892, sogleich in den einleitenden Betrachtungen. Deshalb darf und muss man heute auch die antike Ethik nicht bloss in historischem Interesse studieren, sondern zugleich mit dem Bewusstsein, dass in ihr vielleicht mancher Tropfen zur Klärung der gegenwärtigen trüben Wallungen enthalten sein möchte. Bei der Eröffnung der neuen „Ethischen Gesellschaft" zu Berlin im November 1892 sprach ihr Vorsitzender, Prof. Förster, denselben Gedanken aus.

pfindungen, die sie uns machen", womit jener deutsche Selbstdenker auf eine Grundanschauung verfallen ist, die schon in den indischen Upanischad in langer Litanei in Beziehung auf mancherlei Hauptgegenstände der menschlichen Liebe vorgetragen wird: „Nicht aus Liebe zum Gatten ist uns der Gatte lieb, sondern aus Liebe zum Selbst ist uns der Gatte lieb usw. usw." Die bei uns bestehende sittliche Empfindungsweise kennt diese Auffassung nicht und wird, falls man sie ihr vorlegt, sie weit von sich weisen, um dem edleren Gefühle zugethan zu erscheinen; die ethische Theorie hat vielfach sogar die Neigung, in einseitiger Anschauung das „Sittliche" mit dem „Uneigennützigen" zu identificieren und sieht Uneigennützigkeit als möglich und vielfach thatsächlich an.

Cicero beruft sich auf die am sichersten beweiskräftigen Fälle der äussersten Uneigennützigkeit, also der Selbstaufopferung, besonders in dem schlagenden Beispiel des Decius Mus (II, 61); der Epikureismus würde darauf erwidern (vgl. I, 34 f.): gerade die Aufopferung erweckt dann die höchste Befriedigung, insbesondere der Ruhmliebe, bei dem, der sein Leben aufopfert, und auch er folgt, wie das nicht anders möglich ist, dem Antriebe zu der mit der höchsten Eigenlust verbundenen unter allen für eine Lage möglichen Handlungsweisen. — Ein Decius Mus empfand sicher ein Hochgefühl im Sterben, welches die für den natürlichen Menschen, also auch für eine Seite seines Wesens, bestehenden Schrecken und Schmerzen eines gewaltsamen Todes überwog. Aber ist das nicht eben die sittliche Gesinnung, die Befriedigung jenes Hochgefühls mächtiger zu empfinden als die physische Unlust der Vernichtung des physischen Lebens? Hunderte und Tausende, die eben nicht auf der Höhe solches sittlichen Heroismus stehen, würden ihm jene Bevorzugung solcher Befriedigung vor dem Meiden höchster natürlicher Unlust in der Motivation des Handelns nicht nachthun. Auch alle natürliche und sittliche Lust, die beim Weiterleben für ihn zu erhoffen war, gab er mit daran, und dennoch blieb für ihn in der Wagschaale der im Opfertode für wenige Momente zu empfindenden Befriedigung das stärkere Gewicht. Dennoch würde er nach diesen Betrachtungen noch durch Eigenlust motiviert sein, so wundersam diese Art der Eigenlust auch absticht von der gewöhnlich gesuchten. Aber soll man sich wirklich denken, dass sein Entschluss nach dieser Epikureischen Weise der Abwägung der Lust- und Unlustmomente des eigenen Ichs bestimmt wurde? Soll er sich vorgestellt haben, dass die persönliche Unlust der Reue und Selbstverachtung, wenn er seinem hohen Impulse nicht folgte, für ihn unerträglicher erschienen wäre als das physische Grauen der nächsten Augenblicke, und dass er deshalb sich der Seite des Lustüberschusses für ihn selbst zugewandt hätte? Nein, offenbar dachte er gar nicht an sich selbst: der Sieg oder die Niederlage des römischen Volkes und der ganze Unterschied für das Staatswohl und seine Mitbürger, je nachdem Sieg oder Niederlage eintrat, hing plötzlich an seinem Leben oder Sterben: da rief er den Weihepriester herbei. Der wahre (unreflektirte, blitzschnell den Ausschlag gebende) Vergleichungspunkt in seinem Motivationsprocesse war der zwischen einem Allgemeingut, dem Siege, und einem Eigenübel, seinem Tode, und nicht der zwischen letzterem und dem Genusse der Ehrgeizbefriedigung, eine so hohe That „in oculis exercitus" (I, 35) vollbringen zu können. Dieser Genuss war eine unvermeidliche Begleitungserscheinung seines wahrhaftig unegoistischen Handelns, die man ihm wahrlich gönnen kann, aber nicht der Zweck desselben. Von einer empfundenen Unbefriedigung, die behoben werden sollte, ging freilich seine That aus, das folgt mit Notwendigkeit aus dem Wesen des Willensindividuums, aber der Inhalt dieser Unbefriedigung war die drohende Niederlage seines Volkes, und nicht ein eigener gegenwärtiger oder in Gedanken vorweg genommener Unlustzustand der eigenen Person. Woher man so sicher darüber urteilen kann? Wenn man sich hineinfühlt in seine Lage und Person, — der einzige, aber auch sichere Weg der Entscheidung über die Qualität fremden Handelns. — Wir haben an dem Beispiel des Decius Mus ὡς ἐν τύπῳ die Möglichkeit eines nichtegoistischen Motiviertwerdens erkannt. Soll ein Staatsmann, wie er sein soll, an seinen eigenen Befriedigungen und Unbefriedigungen den Faden seiner Politik abspinnen? Ganz gewiss wird er je nach Erfolg, Stocken, Schwierigkeit oder Misserfolg unwillkürlich entsprechende Resonanzen seines persönlichen Lustzustandes erleben, aber liegt nun der Augenpunkt seines jedesmaligen Handelns immer auf dem nächsten Hügel oder Berge seiner Eigenlust als solcher? Ganz gewiss nicht, er liegt in den sachlichen Aufgaben, in der jedesmaligen Forderung des Tages, worüber er sich selbst vergisst. Der Stachel alles Weiterstrebens liegt in der Unlust oder dem Unlustrest der individuell erlebten Gegenwart; aber der Gedankeninhalt der Unlust ist im sittlichen Streben nicht die persönliche Unlust des Trägers der Handlung, sondern der ihr entsprechende Sachstand, welcher als ein noch zu ändernder oder zu fördernder empfunden wird; die eigene Befriedigung fällt als der ungewollte Lohn mit der Besserung des Sachstandes dem in sittlichem Geiste handelnden von selbst in den Schoss.

Nun bleibt aber noch die Lichtenbergsche Schwierigkeit für die Begreiflichkeit nichtegoistischen Wollens zurück. Jeder Sachstand ist für eine handelnde Person unausweislich in ihr eigenes Ich aufgenommen, ist ein Stück ihres psychischen Materials, ausserhalb seiner selbst kann kein Ich empfinden, es kann nur seine eigenen Zustände empfinden. Wer dies sich zum Verständnis gebracht hat, wird geneigt sein, die Epikureische Theorie von der Unaufhebbarkeit des Egoismus im Motivationsprocesse für unwiderleglich zu halten. Dennoch legt der unbefangene Sinn gegen diese Entdeckung einer Tiftelei Verwahrung ein, und eine sachgemässe Zerlegung des psychischen Materials wird den Ungrund solcher alles verschlingenden Ausdehnung des „Egoismus" klar darthun können. Die seltsame Begeisterung für den Satz von der Alleinherrschaft des Egoismus zieht hier in die Ethik eine Betrachtungsweise herbei, die gar nicht in der Theorie des Sittlichen geboren ist, sondern in einer ganz anderen Provinz der Wissenschaft, nämlich in den Quellgegenden der philosophischen Erkenntnistheorie. Diese beginnt damit, die Thatsache zum Bewusstsein zu bringen, dass das erkennende Subjekt nicht anders als in die ideale Welt seiner Bewusstseinsmomente eingeschlossen sein kann, dass alles im Leben für gegenständlich genommene sich hier als ideal, als vorgestellt, als Bestimmungsstück eines subjektiven Zustandes enthüllt. Das Grundproblem dieser ist, wie der Schritt möglich ist aus den Modifikationen des Vorstellungssubjektes zu etwas, was an sich ist. An allen übrigen Punkten der menschlichen Wissenschaft gilt die Voraussetzung, dass es ähnliche Wesen, wie der Forschende selbst eines ist, giebt und dass er in regster Wechselbeziehung zu ihnen steht, so dass in der Ethik die Lichtenbergsche Anwandlung von Solipsismus ein Kuckucksei ist. Nun zeigt sich aber auch in der erkenntnistheoretischen Grunduntersuchung, dass im psychischen

Material ein Grundunterschied ist zwischen denjenigen Bestandstücken, welche intrasubjektiv auf das Ich bezogen werden, wie z. B. mein Schmerzgefühl, und denjenigen, welche mit unwiderstehlicher Gewalt auf ein unabhängig vom Ich seiendes transscendental bezogen werden, wie z. B. mein Vorstellungsrepräsentant meines Freundes auf meinen Freund, der ist, mag ich ihn nun vorstellen oder nicht. Wenn nun Leben, Wissenschaft und Kunst stets stillschweigend voraussetzen, dass diese unfehlbare transscendentale Beziehung richtig und kein Traum ist, warum soll denn nun gerade die Ethik einmal es der mit Recht ganz allein mit künstlicher höchster Weltentfremdung beginnenden Erkenntnistheorie nicht überlassen, nun ihrerseits zu untersuchen, wie jenes transscendentale Beziehen zugehen und welches Recht zu seinem unbewussten Thun es haben mag. Fast alle Philosophen erklären sich auch theoretisch, und ohne Unterschied alle praktisch gegen den Solipsismus; in der Bewusstseinswelt gilt jedenfalls thatsächlich der Unterschied zwischen Ich und Nicht-Ich. Man kann einmal alles Nicht-Ich als ein Anhängsel des Ich ansehen, aber man muss es nicht von da ab, dass man erfahren hat, es zu können, und man thut es auch nie ausser auf der Schwelle der philosophischen Erkenntnistheorie. Und die angenehmen Empfindungen, die uns geliebte Personen erregen, könnten höchstens nur zum Teil auf das Bewusstwerden unseres eigenen Glückeszustandes gedeutet werden; in andern Fällen ergiebt die psychologische Analyse — welche in die Praxis natürlich nicht hineinzupfuschen hat — dass die eigene Lustempfindung sich auf fremdes Wohl durchaus vom Ich unterschiedener Personen bezieht, ja man kann oft deutlich den idiopathischen und den sympathischen Gefühlsanteil unterscheiden, z. B. wenn man sich über die Trennung von einem Freunde mehr um der damit verbundenen Förderung seines Glückesstandes willen freut als um des dem eigenen Besitzstande an Lebensgütern damit zugefügten Verlustes willen sich betrübt. Das in der Liebe für Lebenseventualitäten aber mitenthaltene Mit-Leid zeigt nun erst recht einen teilweise unegoistischen Charakter. Bei bedenklicher Erkrankung eines Kindes empfinden die Eltern schwere Unlust, ja auch in der Furcht des von ihnen vielleicht zu erlebenden Verlustes, andrerseits aber über das fremde Leiden, welches sie vor Augen haben; der Inhalt ihrer Wünsche und Hoffnungen aber ist ganz wesentlich — nicht, dass ihre Unlust behoben werden möge, sondern, dass es mit dem Kinde besser werden möge, und nicht nur um des damit auch von ihnen abgewandten Verlustes willen. Ist die Besserung eingetreten, so ist der Inhalt ihrer Lust nicht die Lust daran, dass sie jetzt wieder zu lustvollerem Gefühlszustande gekommen sind, — diese Veränderung hätte ja keinen Grund in sich selbst, sie ist Folgeerscheinung —, sondern dass das leibliche Wohl eines fremden Eigenwesens in einen besseren Zustand gekommen ist. Wer über widrige Schicksalsverwicklungen eines Freundes sich schlaflos auf seinem Lager wälzt, der ist erfüllt von den Gedanken daran, nicht seine Schlaflosigkeit zu bannen, sondern jene Verwicklungen eines andern möglichst zu entwirren, wonach die aus ihnen entsprungene Schlaflosigkeit von selber weichen wird; und die Eigenbefriedigung an der etwa geleisteten Hülfe erschöpft keineswegs die Gesamtbefriedigung darüber, dass fremde Geschicke wieder auf besserer Bahn sind.

II. In welchem Verhältnis steht die indolentia zur voluptas*) als letzter Beziehungspunkt des Willens, bei Epikur und in Wahrheit?

Nach unsern Quellen der Epikureischen Ethik ist Cicero's Vorwurf (3—21, 28—30) nicht ungerechtfertigt, dass sich ein unbestimmtes Schillern und Schwanken zeige zwischen der ersteren negativen und der zweiten positiven Feststellung des Zieles der menschlichen Handlungen: vgl. z. B. Athen. VII, 279 F, Clem. Alex. Strom. II, 417 C, Cic. 92 mit Diog. Laert. X, 128. 136. 118. 130, Stob. Serm. XVII, 30. Sen. de vita beata 13. Es fragt sich zunächst, was bei scharfer Begrenzung des Begriffes unter dem Nullpunkt der Empfindung, der indolentia (liberatio et vacuitas molestiae, molestiae detractio, doloris privatio oder amotio, ἀναλγησία, ἀπονία, ἀταραξία, Behncke S. 15, Anm. 3) zu verstehen ist, wenn darunter vernünftiger Weise ein letztes Ziel des menschlichen Strebens soll gedacht werden können. Den Zustand der „Schmerzlosigkeit" kennt jeder aus Erfahrung: es ist der Grau in Grau gefärbte Seelenzustand, wenn weder körperlicher Schmerz oder Unbehagen die Aufmerksamkeit mit Unlust an sich reisst, noch über dem Horizont des Gemütslebens irgend ein dunkler Punkt dominiert, dagegen auch ein positives Befriedigungsgefühl von nirgendsher genährt wird, es sei denn, dass etwa einmal nach vorangegangenem unlustvollerem Zustande selbst dieses Grau in Grau in der Contrastlust als schön Wetter genossen wurde; — doch muss man, um den Begriff der Schmerzlosigkeit rein zu halten, von der etwaigen Erfüllung dieser letzten zufälligen Bedingung absehen. Den eben umschriebenen Zustand nun aber kann kein vernünftiger Mensch, der die Hauptarten der von ihm erlebten Seelenzustände in der Erinnerung festhält, als ein höchstes Ziel hinstellen, am wenigsten ein Epikur, welcher der inneren Beobachtung des Lustwertes der verschiedenen Empfindungszustände in einem langen Denkerleben sein besonderstes Bemühen gewidmet hat. Er sagt auch ausdrücklich (Diog. Laert. X, 128): τότε γὰρ ἡδονῆς χρείαν ἔχομεν, ὅταν ἐκ τοῦ μὴ παρεῖναι τὴν ἡδονὴν ἀλγῶμεν: d. h. ein solcher Zustand, wie der eben beschriebene, kann sich nicht lange in sich selbst halten, ohne durch das aufsteigende Verlangen nach etwas Positiverem in Unlust umzuschlagen. Epikur muss also mit dem negativen Ausdruck, der abwechselnd mit dem der Lust oft von ihm zur Bezeichnung des höchsten Strebezieles gebraucht wird, einen positiven Begriff verbunden haben, und dieser kann kein andrer sein als der eines Befriedigungsgefühles, welches nicht durch irgend welche actuelle ἡδονή hervorgerufen wird, sondern als die Resultante des Gesamtzustandes in der Seele erklingt, im Bewusstsein aber ein doppeltes umfasst: Zufriedenheit mit sich selbst (Freiheit von Selbstvorwürfen und den Gedanken an Vorwürfe des fremden Urteils, resp. dem Gefühle der Unterlegenheit unter solchen) und Zufriedenheit mit dem Stande der Angelegenheiten, die unser Interesse ausmachen. Dieses positive Moment in den Begriff der „Schmerzlosigkeit" aufgenommen, kann wohl ein praktisch angelegter und nicht zu hohen Idealen über-

*) Der technische Ausdruck „Lust" als Allgemeinbegriff für sinnliche Lust, Behagen, Freude, Befriedigung, Hochgefühl u. s. w. ist ganz allgemein recipiert. Er hat ja etwas Bedenkliches, sofern er mit dem Ausdruck für eine Species zusammenfällt, und wird deshalb auch von A. Lasson in den Preuss. Jahrbb. 1890, S. 15 bemängelt, doch dürfte er schwer zu ersetzen sein. — Die Uebereinstimmung mit jenem trefflichen Denker (a. a. O. S. 14 f.) in meiner Beantwortung der vorigen Hauptfrage habe ich mit Befriedigung bemerkt.

fliegender Mensch in der „Schmerzlosigkeit“ eine Seite des höchsten menschlichen Gutes erblicken, die er dann in besonderer Reflexion auf sie, welche manche Gedankenläufe annehmen, auch wohl allein hervorkehren kann. Aber die allgemeine Frage nach dem besten Empfindungszustande kann nicht wohl in dieser Einen Seite zur Ruhe kommen. Denn die Flamme des Gefühles „mihi pulchre est“, „ego beatus sum“ (Cic. de n. d. I, 114 — wo der folgende Gedanke in Beziehung auf die Kritik der Glückseligkeit der Epikureischen Götter ausgesprochen wird) kann nicht in sich selber brennen, sie muss ihre Nahrung haben, durch deren Verzehrung sie brennt. Mit anderen Worten, in dem beschriebenen Zustande der auch mit einem positiven Befriedigungsgefühl verbundenen „Schmerzlosigkeit“ muss sich doch über kurz oder lang das diesen Zustand in der Richtung der Unlust alterierende Verlangen nach einem Mehr erheben, welches ihn ergänzen muss, damit er sich in seiner Wesentlichkeit erhalten kann. Dieses Mehr sind bei Epikur die ἡδοναί, welche jenen Zustand „färben“, variant, distinguunt (Cic. I, 38), ποικίλλουσιν (Diog. Laert. X, 149*). Bei dieser Auffassung, zumal, wenn man noch die Bestimmung aus Cic. I, 38 hinzunimmt, dass mit dieser „Färbung“ des besten Empfindungszustandes keine quantitative Erhöhung (auctio et amplificatio) des für ihn entscheidenden Momentes (des Befriedigungsgefühles, der omnis privatio doloris, Cic. ebendaselbst) verbunden sei, fällt doch das von Cicero so sehr getadelte Schwanken in der Epikureischen Lehre vom höchsten Gut fort, alle zahlreichen Fragmente stimmen wohl zusammen, und der Unterschied zwischen Epikur's Güterlehre und dem Hedonismus des Aristipp ist verdeutlicht: der gewöhnlich angegebene Unterschied, dass nach Diog. Laert. X, 148 hier die ἡδονὴ μονόχρονος, dort ἡ τοῦ ὅλου βίου μακαριότης das Ziel sei, ist durch eine sachliche Erwägung und die entscheidende Stelle Cic. I, 38 in ganz bestimmter Weise aufgehellt. Die Erfahrung bestätigt auch die Besonnenheit des Epikur in der Feststellung des Wertunterschiedes zwischen dem Befriedigungsgefühl (ἡδονὴ καταστηματική, Diog. Laert. X, 136, ist dafür auch ein positiver Ausdruck) und den Genüssen (ἡδοναὶ κατὰ κίνησιν, ebendaselbst), der zufolge das erstere das für die Glückseligkeit entscheidende Moment ist. Denn man vergleiche den Gesamtzustand auf der einen Seite dessen, der in Genüssen schwelgt, die er sich etwa von gestohlenem Gelde bereitet — z. B. ein Durchgänger in den Tanzsälen einer Hafenstadt — und dabei von Gewissensqualen und der Angst ergriffen zu werden gefoltert wird, auf der anderen Seite dessen, der bei gutem Gewissen solcher Genüsse entbehrt und vielleicht noch Schmerzen zu tragen hat: nach Epikurs Auffassung und der Wahrheit ist der letztere weit glücklicher daran. (Dabei hat Cicero, II, 53 f. freilich recht, wenn er auffordert, den Vergleich zwischen einem hartgesottenen (acutus, versutus, veterator 53, callidus, improbus 54) Sünder, der sich der Gewissensbisse entschlägt und sich nicht fassen lässt, und dem Tugendhaften hinsichtlich des beiderseitigen Gesamtgefühls zu ziehen, damit man nämlich sich darüber klar werde, dass die Tugend in ihrem Wert nicht nur aus ihrer Eigenschaft, die beste Lustquelle zu sein, sondern ganz anders abgeleitet werden müsse.) Doch würden wir nun folgende

---

*) Der verwandte Ausdruck διαρθροῦν (Alex. Aphr. de anima 154) bezieht sich auf die Besonderung der ἡδοναί, und nicht auf die Sonderung des Gesamtzustandes in ἀναλγησία und ἡδοναί.

kritische Bemerkungen an die Aufstellungen des Epikur zu knüpfen haben: Erstens führt der Zustand der inneren Befriedigung, um auf die Dauer bestehen zu können und differenziert zu werden, nicht nur dazu, dass der Mensch sich Genüsse verschafft, sondern auch in der umgekehrten Richtung dazu, dass er thätig ist und arbeitet; in einer der menschlichen Natur angemessenen Abwechselung zwischen Arbeit und Genuss, und zwar einer solchen, in welcher die Arbeit normaler Weise vorausgeht und der Genuss zugleich den Zweck der Erholung und neuen Kräftesammlung erfüllt, sieht das moderne sittliche Bewusstsein die beste Lebensführung. Man kann dabei ehrlich zugestehen, dass die Arbeit nicht nur eine Lust ist, sondern mindestens oft so lange eine Unlust, bis sie in einen Befriedigung gewährenden Fluss gekommen ist, und dass auch diese Lust sich von ihrer Höhe abwärts zu neigen pflegt bis zu dem Punkte, wo sie von dem Bedürfnisse der Ausspannung übertroffen wird: aber aus der Befriedigung des Allgemeingefühls zu neuer Befriedigung desselben führt doch der erste und beste Weg eben durch die Arbeit. Der, wenn auch nachlässige, so doch fleissige Schriftsteller Epikur hat diesen Gemeinplatz des modernen sittlichen Bewusstseins auch durch die Praxis seines Lebens bestätigt, wenn er ihn auch in der Theorie übersehen hat. Zweitens aber erfüllt ein Leben, welches stets nach dem τέλος der zustandsmässigen Befriedigung in erster Linie und in zweiter Linie nach dem des Genusses strebt, damit also von dem höchsten Epikureischen Gesichtspunkte alles praktischen Verhaltens bestimmt wäre, nicht eo ipso auch die Bedingung, das tugendhafte Leben zu sein. Zunächst ist das grundsätzliche Streben, möglichst fremde Befriedigung und Lust — oder auch nur auch solche — zu schaffen, (der dem Egoismus entgegengesetzte „Altruismus" der englischen Positivisten), in der Epikureischen Ethik ausgeschlossen, in welcher die ἡδονή als τέλος den bestimmten Sinn der Eigenlust hat. Sodann stelle man sich nur das Bild des sittlichen Menschen als solchen vor Augen, man fasse in Ein grosses Gefühl die menschliche Aufgabe, das Sittliche zu verkörpern, zusammen: man hat den überwältigenden Eindruck, dass diese Aufgabe nicht durch das Streben nach eigener Befriedigung und Lust gelöst wird. Umgekehrt aber umschliesst auch ein bewusstes Streben nach dem sittlich guten, als oberste und nie verdunkelte Willensnorm eines Menschen einmal angenommen, noch nicht den Erfolg der nebenher auch erreichten ungetrübten Glückseligkeit: beide, die Tugend und die Glückseligkeit, stehen eben, einem unausrottbaren Vorurteil des Altertums zuwider, wie Kant es an jener bekannten Hauptstelle (Kritik d. prakt. Vernunft, Originalausg., Riga 1788, S. 203) ausdrückt und zuerst mit Klarheit erkannt hat, nicht in einem „analytischen" Verhältnis zu einander, demzufolge die eine in der anderen voll enthalten wäre, und lassen sich nicht auseinander „herausklauben". Sittlich zu sein und glücklich zu sein, das sind eben die zwei grossen praktischen Aufgaben des Menschen („Glückseligkeit und Sittlichkeit sind zwei specifisch ganz verschiedene Elemente des höchsten Gutes", Kant a. a. O.), deren Wege sich vielfach in einander verschlingen, aber auf einen ganz getrennten Anfangs- und Endpunkt hinauslaufen.

Nach Epikur wäre das vernünftige Streben nach Befriedigung und Genuss die Tugend: „Der Epikuräer sagte: sich seiner auf Glückseligkeit führenden Maxime bewusst sein, das ist

Tugend" (Kant a. a. O. S. 200); Cicero entwirft (II, 45—47, de off. I, 11—14), in dem gemeinschaftlichen Geiste aller Sokratiker und stoischer Auffassung im einzelnen, einen Gegen-Grundriss des Systemes des Sittlichen auf dem Grunde der idealen Veranlagung des Menschenwesens. Wir haben nun die Frage zu prüfen:

III. Ist die ohne jede Beziehung zur Lust sich vollziehende Deduction der sittlichen Aufgabe des Menschen gutzuheissen?

Das Gute ist nach dieser Deduction gut, weil es dasjenige ist, was nach den Anzeichen, welche eine theoretische Betrachtung der in das Menschenwesen gelegten Keime auffindet und ordnet, sein soll. Dieses insofern geforderte Seinsollende, als dass Dasein der Anlagen ohne ihre Erfüllung durch den Menschen sinnlos wäre, ist am leichtesten verständlich, wenn es auf eine vollkommene Intelligenz zurückgeführt wird, zu deren Attribut der Intelligenz zugleich das andere hinzukommt, dass das intelligente Wesen das die menschlichen Anlagen schöpferisch setzende ist. Doch so ausdrücklich theistisch pflegt die Ableitung des Sittlichen bei den Sokratikern und insonderheit den Stoikern nicht zu sein. Es genügt ihnen, die Thatsächlichkeit der sittlichen Veranlagung des Menschen festzustellen, gleich als ob diese vorbewusste Thatsächlichkeit ausreiche, dem menschlichen Bewusstsein die Norm anzugeben dafür, wie es sich nun zu den Anlagen des menschlichen Gesamtwesens verhalten solle: denn der Mensch, das ist die stillschweigende Voraussetzung, darf doch nicht eigenmächtig unter dem zurückbleiben wollen, was er als die gesetzte Präformation seines zu entwickelnden Wesens vorfindet und anerkennen muss. Die Pointe des Menschendaseins ist also, dass aus den Keimen der Menschennatur Blüte und Frucht werde. Zu welchem Zwecke soll das nun nach dieser Betrachtungsweise so sein? Eben zu dem Zwecke, der in der Umschreibung der Sache selbst liegt. Von einem Empfindungszustande des Menschen in Beziehung auf Lust und Unlust ist hier, in dieser Theorie, in keiner Weise die Rede: das Tugendideal (ὁ σπουδαῖος, sapiens) ist hier die Actualität der übertierischen, und daher specifisch menschlichen und eben sittlichen Anlagen des Menschenwesens, in den vier Richtungen der Weisheit, Gerechtigkeit, Tapferkeit und Selbstbeherrschung.

Gegen dieses Ideal nun aber legt die Erfahrung ihre Stimme ein, die keinen Menschen kennt, der nur Thätigkeit im Sinne der grossen Hauptrichtungen der höheren Menschennatur wäre ohne Empfindungsresonanz, nicht nur zu den äusseren Geschehnissen, die ihn betreffen, sondern auch zu seinem eigenen thätigen Verhalten. Die alten Theoretiker der Idealmenschlichkeit fühlten das auch recht gut, indem sie ihrer obigen Deduction des Sittlichen den Lehrsatz von der Autarkie der Tugend als Schlussstein hinzufügten, also die Aufstellung, dass die Glückseligkeit dann aber auch von der vollkommenen Menschlichkeit eingeschlossen würde, virtutem ad beate vivendum semet ipsa esse contentam. Hier kommt es nur darauf an, zu betonen, dass der Gedanke zurückgewiesen wurde, die menschliche Veranlagung habe die menschliche Lust, und nicht die menschliche Tugend, zum Zwecke, und dass die Glückseligkeit als sich ganz von selber zur Tugendübung gesellend angesehen wurde.

Gegen diese Auffassung nun, die sich kurz und schroff dahin formulieren lässt, dass der Mensch sei, damit menschliche Tugend sein könne, lehnt sich die ganze neuere Philosophie in allen ihren Vertretern mit Ausnahme des älteren Fichte auf. Am entschiedensten immer und immer wieder Lotze, dessen Philosophieren so sehr die Spitze hat, den Sinn der Welt zu erlauschen. Nach ihm duldet die Vernunft und das Gemüt gleicherweise nicht, dass der Sinn des Seins darauf hinauskomme, dass sich ein Gesetz erfülle, einer Norm gehorcht werde unter Gleichgültigkeit des Lustzustandes dessen, was als Subject am Sein beteiligt sei. (Vgl. auch Vorbrodt, Principien der Ethik u. s. w. Lotze's, 2. Aufl., Dessau-Leipzig 1892, S. 44: „Es bleibt unbeantwortet, warum ein Verhältnis von niemandem genossen, unverbrüchlich sei, und warum nicht ein anderes gleichgültiges an dessen Stelle gesetzt werden könne). E. v. Hartmann aber, der in seiner Pessimismusschrift, 2. Aufl., S. 277—288, wie auch schon Ph. d. U. II, S. 394, Ethik S. 843 mit heissester Ueberzeugungskraft für die Lust als den höchsten Massstab alles Wertes des Seins eintritt, sagt allgemeinverständlich und schlagend (Ethik, Anm. auf S. 661): „Die Behauptung, dass die Welt dazu da sei, um sich in ihr sittlich zu betragen, steht logisch genommen auf gleicher Stufe mit der Behauptung, dass ein Ball darum gegeben werde, damit die Gäste Frack und weisse Binde anlegen können und sich der Ballordnung gemäss benehmen". Man schlage alle neueren Begründungen des Ethischen nach, z. B. bei Wolny, Gizycki, Döring, Hedwig Bender: überall wird man finden, dass das Wohlsein der Wesen als letzter Beziehungspunkt alles Praktischen aufgefasst wird; und „wir wollen selig werden" klingt es als die Enthüllung der letzten Pointe*) in christlichen Theorieen der Sittlichkeit.

Sollen wir denn nun geradezu umgekehrt sagen: Weit entfernt, dass die alten Sokratiker den wahren Sachverhalt treffen, wenn sie lehren, ein Urbild des Menschenwesens sollte erfüllt werden und in diesem Gedanken ist keinerlei Rücksicht auf Menschenlust genommen, so ist vielmehr alles Verhalten, das jenem Urbilde gemäss, also menschliche Tugend ist, nur ein Mittel zu dem Zwecke, dass menschliche Art von Lust (Befriedigung, Freude, Hochgefühl) realisiert werde? Das geht auch nicht an. Denn die Forderungen des Guten sind für uns klar und kategorisch, haben oft keine deutliche Beziehung zu irgend welcher zu schaffenden Lust und würden, wenn sie nur mit dieser bewussten Beziehung erfüllt würden, eben dadurch nicht völlig rein erfüllt werden. Denn das Gute zu thun, erweckt auch edle Lust, aber in kluger Voraussicht dieser Lust zu handeln, das ist doch schon nicht mehr das rein sittliche Handeln, welches das „in sich selbst löbliche" — wie die Sokratiker das Gute nach seinem wesentlichsten Merkmale zu bestimmen lieben — eben als solches vollbringt. Andrerseits ist aber die Lust auch nicht nur Mittel zum Sittlichen: der Gedanke an die Summe der concreten Einzelfälle, wo sich dieses Verhältnis zu bewähren hätte, lässt diese Auffassung als nur teilweise einmal gültig erscheinen. Da die Lust aber drittens nicht als gleichgültig in der vernünftigen Weltökonomie angesehen werden konnte, ist das wahre Verhältnis der in sich löblichen menschlichen Verhaltungsqualitäten zur Lust

*) Diese Ausdrucksweise habe ich aus einer mündlichen Aeusserung E. v. Hartmann's in meine Denkweise aufgenommen. Er sprach in Driburg 1870 einmal aus: „Die Welt muss eine Pointe haben".

etwas subtil zu bestimmen. Ich denke es mir folgendermassen, um dem antiken und dem modernen Gedanken, die beide in sich überzeugend sind, in gleicher Weise gerecht zu werden: Die sittliche Veranlagung des Menschenwesens ist in sich selbst schön und wohlgefällig, und noch mehr in ihren Blüten und Früchten, die der Mensch mit Bewusstsein aus ihr entwickelt. Dennoch wäre es eine, wie nicht wirkliche, so auch nicht sinnvolle und vermutlich unmögliche Organisation des Menschenwesens, wenn dieses bloss auf Vernunft und Wille gestellt wäre, einer idealen Gesetzlichkeit der Willensacte durch die Vernunft nachzustreben hätte und ohne Gefühlsresonanz sein natürliches und dieses sein sittliches Sein erfüllte. Die denkenden und wollenden Geister mussten mit einer fühlenden Seele zu einer concreten Einheit zusammengeschlossen werden. Das menschliche Leben besässe sonst wohl Licht und Kraft, aber keine Wärme. Es ist in seiner Licht- und Kraftseite nicht um der Wärme willen da, aber es hätte keinen Sinn, wenn es ohne die Wärme da sein sollte. Auf den Untergrund der fühlenden Natur musste die geistige und sittliche eingepflanzt werden, nur unter dieser Bedingung war es zweckvoll, dass überhaupt concreter Wille idealem Gesetz unterworfen wurde. Die Lust ist also nicht der Zweck des Sittlichen, aber die Voraussetzung, dass überhaupt auch Lust empfunden und gegen Unlust gekämpft werden kann, macht die Setzung von Willenswesen, die nicht beliebig wollen, sondern ein bestimmtes Wollen für das beste und in sich selber löblich zu erachten veranlagt sind, erst sinnvoll. Die Freude ist in der That der schöne Götterfunke, der die Kälte aus einer Welt verbannt, welche selbst durch ideale Sittlichkeit aller ihrer vernünftigen Wesen diese Kälte und Gleichgültigkeit ihres Inhaltes nicht überwinden würde. Die Pointe in dem Verhältnisse der Tugend und der Glückseligkeit für die Constitution der menschlichen Dinge erachte ich damit für getroffen, die Lösung ist ausgefallen im Sinne der Lotzeschen Philosophie, auch der Spitzen eines allgemeineren Lebensidealismus (Schiller und Goethe); für Lotze liegt darin zugleich die Lösung der Weltpointe. Letzteres soll nicht ohne weiteres mit gesagt und würde die Sache altioris indaginis sein, da zuvor die sehr schwerwiegenden Bedenken E. v. Hartmann's gegen diese Auffassung der letzten Pointe gründlich zu erwägen sein würden. Um die Grundverfassung der menschlichen Dinge steht es aber sehr wohl, sofern einerseits das Gute in Gesinnung und Handlung die sicherste und edelste Lust gewährt, andrerseits aber dies sofort unmöglich sein würde, wenn die Lust, und nicht das in sich selbst löbliche als höchstes erstrebt würde.

Zu den obigen Betrachtungen ist zu bemerken, dass die mit ihren Urteilen verschmolzenen metaphysischen Momente (die Gedanken über ein den menschlichen Dingen vorhergehendes, aus teleologischen Gesichtspunkten erfolgendes ideales Vorbilden derselben) nicht ohne weiteres dogmatisch genommen werden dürfen, sondern hier nur als hypothetische Stützen der über das Verhältnis der Lust und Tugend zu fällenden immanenten Urteile anzusehen sind, für sich selbst aber der Metaphysik anheimfallen. Das Zurückgehen der Alten auf ein thatsächlich gegebenes Idealbild der menschlichen Veranlagung zur Tugend erscheint dem modernen historischen Bewusstsein insofern naiv, als sie das zu ihren Zeiten bestehende Menschenwesen in seinem allmälich erworbenen Besitztum von Keimen zur Sittlichkeit als immer, also z. B. auch in der vorgeschichtlichen Zeit, von der Natur selber so gegeben ansahen.

IV. Welches Verhalten zu den „weder notwendigen noch natürlichen Begierden" ist das sittliche?

Zunächst lässt sich hier ein Gegensatz zwischen der Auffassung Cicero's und Epikurs nicht festhalten. Nach II, 27 scheint es, dass Epikur in dieser Beziehung den Grundsatz ausspräche: „finienda est cupiditas" (sc. rerum nec necessariarum nec naturalium, was der Zusammenhang ergiebt), Cicero aber den Grundsatz „tollenda est radicitus". Allein I, 46 spricht Torquatus in der Darstellung der Epikureischen Lehre aus: „inanium cupiditatum nec modus ullus nec finis inveniri potest", vgl. Diog. Laert. X, 130 ὁ τῶν κενῶν δοξῶν πλοῦτος εἰς ἄπειρον ἐκπίπτει, und wenn auch X, 142 τὸ πέρας τῶν ἐπιθυμιῶν als eine ethische Forderung Epikurs vorkommt, so ist doch aus dem Zusammenhang nicht ersichtlich, dass damit die Einschränkung der auf κενά, inania, also weder Notwendiges noch Natürliches gerichteten Begierden gemeint sein sollte. Wenn ferner X, 130 Diog. Laert. als Epikureische Forderung angiebt, „ὅταν μὴ ἔχωμεν τὰ πολλά, τοῖς ὀλίγοις ἀρκοῦσθαι", so setzt das Sichgenügenlassen an wenigem, welches doch wohl innerhalb der Grenzen der natürlichen Bedürfnisse liegt, doch voraus, dass über diese Grenzen die Begierden gar nicht hinausschweifen. So stellen sich Cicero und Epikur theoretisch gegen allen Luxus auf den wesentlich gleichen Standpunkt, ihn zu verwerfen als über das natürliche Menschenbedürfnis hinausliegend und gleichgültig für die Glückseligkeit.

Dass dieses nicht die allgemeine Gesinnung des Altertums war, kann man für die Griechen z. B. aus dem Capitel „Der Mensch und sein Besitz" in Leopold Schmidt's trefflichem Werke „Die Ethik der alten Griechen" (II, S. 369—393) ersehen, wo die entsprechenden Eindrücke, die man aus den griechischen Schriftstellern davon getragen hat, durch zahlreiche Anführungen aus ihnen bestätigt und verstärkt werden, und für die Römer beweist es z. B. Horaz auf jedem Blatte, da er ja als unermüdlicher Bekämpfer des Mammonismus auftritt, der eben in Rom seit zwei Jahrhunderten alle Gemüter überwucherte. Cicero selbst hat zwar zu allen Zeiten ohne Ueppigkeit gelebt und spricht auch in den Officien (I, 92) aus, dass das Vermögen sittlicher Weise der Liberalität, und nicht der Schwelgerei dienen solle, aber er redet doch (de off. I, 139) der Geräumigkeit und dem Schmuck der Wohnung das Wort, wie er denn seinem Briefwechsel zufolge stets um die Ausschmückung seiner Villen — deren Mehrzahl doch auch schon über das „natürliche" Bedürfnis hinausgeht — mit Statuen und Gemälden bemüht gewesen ist, vgl. Boissier, Cicéron, S. 91. Nun aber führt Diog. Laert. X, 149 Bildsäulen gerade als ein Beispiel des weder notwendigen noch natürlichen Besitztumes an. Epikur aber hat jedenfalls — die Hauptstelle dafür Athenae. VII, p. 279 F — die sinnlichen Genüsse für seine Person nicht verschmäht, ohne peinlich die Grenzlinie des wirklich Naturgemässen einzuhalten, denn dieses ist die einfache Stillung von Hunger und Durst durch gesunde Kost.

Die Theorie und die Praxis des Altertums in Beziehung auf das Verhalten zu den „weder notwendigen noch natürlichen Bedürfnissen" ist jedenfalls nicht so einfach, dass sie in vereinzelten

Aussprüchen von Philosophen, dass solche Bedürfnisse auszurotten seien, ihre Norm besässe, die auch nur für diese Philosophen praktische Geltung gehabt hätte.

Aber wir wollten ja vor allen Dingen noch die Entscheidung des modernen sittlichen Bewusstseins über die Frage der letzten Ueberschrift feststellen. Da kommt alles darauf an, wie in dieser Beziehung der Begriff des „Natürlichen" gefasst wird. Fasst man ihn eng, so wie er sich aus einer Betrachtung der menschlichen Natur ergiebt, so wie sie als Rohmaterial zu allen Zeiten der menschlichen Geschichte zu grunde lag, so erheben sich bei uns nur hier und da vereinzelte Stimmen, welche die Grenzen des Natürlichen einzuhalten oder „zur Natur zurückzukehren" zugleich für sittliche Forderung erklären. Die moderne Menschheit selber sieht offenbar in allen Kulturländern die Arbeit für reiche und schöne Befriedigung von Menschenbedürfnissen, wie sie sich erst im Lauf der Kultur über das ursprüngliche Mass der Menschennatur hinaus entwickelt haben, nicht nur für unsittlich, sondern sogar für eine sittliche Pflicht an und begleitet den Wettkampf der Nationen um möglichst vollkommene Herstellung von Gütern, nach denen das einfache und ursprüngliche Menschenwesen noch gar kein Bedürfnis hatte, als etwas wahrhaft menschenwürdiges mit ihrer reinsten Sympathie*). Der Begriff des Natürlichen ist damit von einem engen Umkreise näherer Bedürfnisse auf die unendlichen Anlagen des Menschenwesens ausgedehnt: denn das Streben nach wirklich unnatürlichem würde auch im modernen sittlichen Bewusstsein keine Billigung finden. Eine bestimmte Grenze, wo das im weiteren Sinne natürliche aufhört und unzulässige, ausrottungswürdige Unnatur beginnt, lässt sich schwerlich angeben, aber überall, wo dass sittliche Urteil sinnloser Verschwendung gefällt wird, geht es auf eine solche Unterscheidung des Natürlichen und Unnatürlichen zurück. Dabei fällt noch ein grosser Unterschied in die Augen. Die menschliche Sinnlichkeit zerfällt (vgl. z. B. Steudel, theoret. Philos. I, S. 267 ff) in eine durchaus subjective und eine zugleich objective Seite: Geschmack, Geruch und Lust- und Unlustempfindungen, die einen Zustand des eigenen Organismus mit Bewusstsein percipieren lassen, enthalten nur die Empfindung des eigenen Ich, Gehör und Gesicht setzen den Menschen mit den anderen und der Welt in Verbindung. Da wird nun das Bestreben, in der Verfeinerung der Empfindung der rein subjectiven Sinne das Mass des Natürlichen zu überbieten, leicht auf sittlichen Tall treffen, weil es entnervend und den höheren, geistigen Aufgaben des Menschen zuwider wirken kann, aber die Freuden, welche der Seele durch Vermittlung der objectiven Sinne des Gehörs und Gesichtes bereitet werden, unterliegen, von zufälligen Nebencomplexionen abgesehen, kaum noch einer hemmenden sittlichen, sondern nur noch einer regelnden ästhetischen Gesetzgebung.

---

*) Dass das menschliche Streben nicht nur auf Befriedigung der ursprünglich natürlichen Bedürfnisse gehen dürfe, war auch dem antiken Bewusstsein nicht fremd, und die Rückkehr zur einfachen Natur nur vereinzelte Schulparole, veranlasst durch Auswüchse der Civilisation. So sagt z. B. Cic. (de off. II, 15) artium multitudine exculta hominum vita tantum destitit a victu et cultu bestiarum, und will damit doch ein durch die Künste bereichertes und verschönertes Leben als erst wahrhaft der Menschennatur entsprechend hinstellen.

I. Allgemeine Lehrverfassung.

1. Uebersicht über die einzelnen Lehrgegenstände und die für jeden derselben bestimmte Stundenzahl.

	A. Gymnasium												B. Realprogymnasium				C. Vorschule		
	O. I.	U. I.	O. II.	U. II.	O. III.	U. III.	IVa.	IVb.	Va.	Vb.	VI.	Sa.	U. II.	O. III.	U. III.	Sa.	1	2	Sa.
1. Religion	2		2		2	2	2		2		3	15	2	2		4	4		4
2. Deutsch	3		3	3	2	2	3	3	3		4	26	3	3		6	6	—	6
3. Lateinich	6		6	7	7	7	7	7	8	8	8	71	3	2 2	2	9	—	—	—
4. Griechisch	6		6	6	6	6	—	—	—	—	—	30	—	—	—	—	—	—	
5. Französisch	2		2	3	3	3	4	4		—	—	21	4	5	5	14	—	—	—
6. Englisch	2		2	—	—	—	—	—	—	—	—	4	3	3	3	9	—	—	—
7. Hebräisch	2*		2*		—	—	—	—	—	—	—	4*	—	—	—		—	—	—
8. Geschichte und Erdkunde	3		3	3	3	3	4		Erdk. 2		Erdk. 2	23	3	4		7	1 Heimatsk.	—	1
9. Rechnen und Mathematik	4		4	4	3	3	4	4	4	4	4	38	5	5	5	15	5	5	10
10. Naturbeschreibung	—		—	—	—	2	2		2		2	8	2	2	2	6	—	—	—
11. Physik, Elemente der Chemie und Mineralogie	2		2	2	2	—	—	—	—	—	—	8	3	—	—	3	—	—	—
12. Schreiben	—		—	—	—	—	—	—	2		2	4	—	—	—	—	3	7 Les. u. Schr.	10
13. Zeichnen	2*				2	2	2	2	2	2	—	12 und 2*	2	2	2	6	—	—	—
14. Anschauungsübung	—	—	—	—	—	—	—		—	—	—	—	—	—	—	—			
15. Singen					1				2		2	6	1**	2***		1** u. 2***	2		2
Chor	1																		
16. Turnen	2				2		2 u. 1 Turnspiele		2 u. 1 Turnspiele		2 und 1 Turnspiele	10 und 3 Turnspiele	2**	2 u. 1 Turnspiele		2** u. 2 dazu 1 Tsp.	*)	—	1

*) fakultativ. **) mit G. I. und II., ***) mit G. III.–IV. kombiniert.

2. Verteilung des Unterrichts

	Lehrer	Ordinarius von	A. Gymnasium I.	O. II.	U. II.	O. III.	U. III.	IVa.	IVb.
1	**Dr. Dörries,** Direktor.	I.	6 Griechisch	2 Griechisch	2 Latein				
2	**Prof. Dr. Schneidewin,** Oberlehrer.		6 Latein 2 Hebr. (fak.)	3 Deutsch 2 Latein 2 Hebr. (fak.)	2 Griech.*)				
3	**Prof. Fercke,** Oberlehrer.		4 Mathematik 2 Physik	4 Mathematik 2 Physik					
4	**Görges,** Oberlehrer.	R. 2.	2 Religion	2 Religion (O. II. u. U. II.)					
5	**Dr. Windel,** Oberlehrer.	G. II.	3 Deutsch 3 Geschichte u. Erdkunde	4 Latein 4 Griechisch	4 Griechisch 3 Geschichte u. Erdkunde				
6	**Ohlendorf,** ordentl. Lehrer.	R. 3.						4 Mathematik	4 Mathematik (2**)
7	**Dr. Kummer,** Oberlehrer.		2 Französisch 2 Englisch	2 Französisch 2 Englisch***)	3 Französisch				
8	**Walther,** Oberlehrer.	G. IIIa.			3 Deutsch 5 Latein	7 Latein 6 Griechisch 1 Erdkunde			
9	**Dr. Tröbst,** Oberlehrer.	G. IIIb.		3 Geschichte u. Erdkunde		2 Deutsch 2 Geschichte	2 Deutsch*) 7 Latein 6 Griechisch		
10	**Dr. Amrhein,** Oberlehrer.	IVa.				2 Religion 3 Französisch	2 Religion*) 3 Französisch 2 Geschichte	3 Deutsch 7 Latein Nepos††)	
11	**Stöver,** wissensch. Hülfslehrer.	IVb.						4 Französisch 3 Turnen (IVa. u. IVb.)	3D, 7L, 4F***
12	**Stoffers,** wissensch. Hülfslehrer.	Va.						2 Geschichte, 2 Erdkunde (IVa. u. IVb.)	
13	**Dr. Hermann,** wissensch. Hülfslehrer.	Vb.			4 Mathematik 2 Physik	3 Mathematik 2 Naturb.	3 Mathematik 1 Erdkunde		
14	**Petersen,** 1. Insp. am Locc. Erziehgsh.								
15	**Stempell,** 2. Insp. am Locc. Erziehgsh.								
16	**Dr. Eggers,** Probandus (bis Mich.)				2 Griech.†)		2 Deutsch†) 2 Religion†)		
17	**Schlreks,** Prob. (bis Mich.)								
18	**Dr. Jordan,** Probandus†).								
19	**Jördens,** Elementarlehrer.	1. Vrkl.							
20	**Rode,** Elementarlehrer.	VI.					2 Naturb.		
21	**Tönnies,** Elementarlehrer	2. Vrkl.						2 Relig.***), 2 Naturb. (IVa. u. IVb.)	
22	**Trau,** Zeichenlehrer.		2 Zeichnen (fakultativ) (I.–U. II.)			2 Zeichnen	2 Zeichnen	2 Zeichnen	2 Zeichnen
			30 und 4 fakultativ	28 u. 4 fakult. 2 (O. II. u. U. II.)	28 u. 2 fakult.	30	30	20 8 (IVa. u. IVb.)	20

*) Das ganze Schuljahr hindurch **Dr. Eggers** (bis Mich. als Probandus). **) Bis Mich. **Schlreks.** ***) Seit Mich. **Dr. Jordan.**

nach Klassen und Lehrern.

Va.	Vb.	VI.	B. Realprogymnasium U. II.	O. 3.	U. III.	C. Vorschule 1. Kl.	2. Kl.	Summa der wöchentl. Stunden
								10
								17
			5 Mathematik 3 Physik**)					20
			2 Rel., 3 Dtsch. 3 Lat., 3 Gesch. und Erdkunde	3 Deutsch, 2 Geschichte				20
								21
				5 Math. (2**) / 2 Religion	5 Math., 2 Ntb.			22
			3 Englisch	3 Englisch 5 Französisch				22
								22
								22
								22
				1 Turnspiele				18, dazu 2 Turnen und 2 Turnspiele
8 Latein / 3 Deutsch				2 Latein / 2 Latein, 2 Erdkunde	2 Latein			23
	8 Latein							23
			4 Französisch		5 Französisch 3 Englisch			12
		4 Deutsch 8 Latein						12
								6†)
2 Erdkunde, 2 Schreiben		2 Erdkunde 2 Naturb.**) 2 Schreiben				5 Rech., 1 Heimatsk., 3 Schr., [illegible] Turnen	5 Rechnen	25
4 Rechnen / 2 Naturb., 1 Turnspiele	4 Rechnen	3 Religion 4 Rechnen 1 Turnspiele	2 Naturb.	2 Naturb.				23 und 2 Turnspiele
2 Religion						6 Deutsch / 4 Relg., 2 Anschauungsüb.	7 Les. u. Schr.	25
2 Zeichnen	2 Zeichnen		2 Zeichnen	2 Zeichnen	2 Zeichnen			20
14 / 11	14	25	30	19 / 11	19	16 / 6	12	

†) Seit Mich. ††) Bis Michaelis Dr. Eggers.

3. Uebersicht über die während des abgelaufenen Schuljahres absolvierten Pensa*).

A. Gymnasium.

Prima. Ordinarius: Direktor Dr. Dörries.

1. **Religion.** Kirchengeschichte von der Reformation an bis auf die Gegenwart; Ueberblick über die confess. Aug. Lektüre des ersten Korintherbriefs mit Auswahl; ausgewählte Stücke aus den kleineren paulinischen Briefen. 2 St. Görges. — 2. **Deutsch.** Literaturgeschichte: Goethe, Schiller, Romantiker. Klassenlektüre: Goethes Gedankenlyrik; Auswahl aus Lessings „Hamburgischer Dramaturgie"; Goethes „Iphigenie"; Shakespeares „Julius Cäsar". Privatlektüre: Aus Goethes „Dichtung und Wahrheit" (Ia und Ib), „Hermann und Dorothea" (Ia), „Tasso" (Ia), „Egmont" (Ib), „Werthers Leiden" (Ib) und nach freier Wahl. Freie Vorträge, alle 14 Tage einer. 8 Aufsätze: 1) a. Welche Vergleichungspunkte bieten der peloponnesische und dreissigjährige Krieg? (Ia). b. Welche Bedeutung hat der peloponnesische Krieg für die griechische Geschichte? (Ib). 2) Welcher Dichtungsart gehört Goethes „Wanderer" an, und welches ist sein Gedankengang? 3) Was besagt die Mahnung des Polonius an seinen Sohn: „Dies über alles: sei Dir selber treu!"? 4) Welches ist der Gedankengang im zehnten bis zwölften Stücke von Lessings „Hamburgischer Dramaturgie"? (Klassenaufsatz). 5) a. Worin zeigt sich in „Hermann und Dorothea" Goethes Bemühen „ein Homeride zu sein"? (Ia, im Anschluss an die Privatlektüre). b. Wie tritt uns der Charakter Egmonts in Goethes Drama in seinem Gespräche mit dem Sekretär und Oranien entgegen? (Ib, im Anschluss an die Privatlektüre). 6) Mit welcher Kunst hat Goethe in den drei ersten Akten der „Iphigenie" die Handlung mit der Vorfabel zu verknüpfen gewusst? 7) Weshalb sind glücklich überstandene Gefahren eine grosse Wohlthat für ein Volk? 8) (Klassenaufsatz) Welchen Nutzen gewährt der vertraute Umgang mit der Natur? Reifeprüfungen Michaelis 1892: „Woraus erklärt sich die Anhänglichkeit an die Heimat und die Sehnsucht nach der Ferne?" Auswärtige: „Warum nennt man das Glück eine Klippe, das Unglück eine Schule? Reifeprüfung Ostern 1893: Welches sind die Bande, die uns an das Vaterland knüpfen? 3 St. Windel. — 3. **Lateinisch.** Cicero's Sestiana bis § 74 und ausgewählte Briefe. Tacit. Ann. I. priv. Tac. Ann. II. mit Auswahl, Cic. Sestiana, § 74—147. Alle 14 Tage abwechselnd ein Exercitium oder ein Extemporale. Horat. od. lib. II. III., Ep. I, 1. 2. 6. 10. 11. 12. 17. 18. 20. 6 St. Schneidewin. — 4. **Griechisch.** Thukyd. VI. VII. (Auswahl); Plato, Apologie, Kriton, Auswahl aus Protagoras. Hom. Il. IX—XVIII. XXII, davon X. XVII. XVIII als Privatlektüre. Soph. König Oedipus. Alle 4 Wochen eine schriftliche Uebersetzung aus dem Griechischen meistens als Klassenarbeit. 6 St. Dörries. — 5. **Französisch.** Molière, „les Précieuses ridicules". Béranger's Lieder. Mignet, Hist. de la Terreur. Alle 14 Tage eine schriftliche Uebersetzung ins Deutsche. 2 St. Kummer. — 6. **Englisch.** Macaulay, The Duke of Monmouth. Shakespeare, Merchant of Venice. 2 St. Kummer. — 7. **Hebräisch** (fakultativ). Repetition der Verballehre. Nominallehre. Lektüre aus den historischen Büchern des alten Testaments und ausgewählte Psalmen. 2 St. Schneidewin. — 8. **Geschichte und Erdkunde.** Geschichte der Neuzeit vom Ende des

*) Bem. In den Klassen I—IV wurden ausser den deutschen Aufsätzen 10—12 kleinere deutsche Ausarbeitungen über durchgenommene Abschnitte aus dem Deutschen, den Fremdsprachen, der Geschichte und Erdkunde und den Naturwissenschaften angefertigt.

30jährigen Krieges, insbesondere der brandenburgisch-preussischen Geschichte, bis zur Gegenwart, nach Herbst, histor. Hülfsbuch. Geographische Repetitionen. 3 St. Windel. — 9. Mathematik. Kombinationslehre, binomischer Lehrsatz. Berechnung des Kreis-Umfangs und -Inhalts. Konstruktion algebraischer Ausdrücke. Grundlehre von den Koordinaten und den Kegelschnitten. Alle 14 Tage abwechselnd eine häusliche und eine Klassenarbeit. 4 St. Forcke. Reifeprüfung Michaelis 1892: 1) Jemand schuldet 5000 Mark, die er zu 4 pc. verzinsen muss, und bezahlt jährlich 500 Mark ab. Wie viel ist er nach 10 Jahren noch schuldig, und nach wie viel Jahren wird die ganze Schuld getilgt sein? 2) Es soll ein Dreieck konstruiert werden, wenn zwei Winkel und die Summe der anliegenden Seite und ihrer Transversale gegeben ist. 3) Der brechende Winkel eines Glasprisma's ist 33°; in einer Ebene, die auf der brechenden Kante senkrecht steht, geht ein Lichtstrahl durch das Prisma, so dass der gebrochene Strahl im Prisma mit den Seitenflächen gleiche Winkel bildet. Welche Ablenkung erleidet der Lichtstrahl, wenn der Brechungsexponent des Glases 1,6 ist? 4) Die Kante eines Würfels ist a; derselbe soll in einen geraden Kegel verwandelt werden, dessen Durchmesser der Grundfläche gleich der Diagonale des Würfels ist. Wie gross ist die Höhe des Kegels und der Neigungswinkel seiner Seite mit der Grundfläche? — Reifeprüfung eines Auswärtigen Michaelis 1892: 1) Die Summe einer arithmetischen Progression ist 140, das letzte Glied 23 und die Differenz 2. Wie heisst die Progression? 2) Einem gegebenen Halbkreise soll ein Quadrat einbeschrieben werden. 3) Die drei Seiten eines Dreiecks betragen 12 m, 17 m und 21 m, die kürzeste Seite ist über den Scheitelpunkt des grössten Winkels hinaus um sich selbst verlängert und der Endpunkt mit der gegenüberliegenden Ecke verbunden. Wie gross ist diese Verbindungslinie? 4) Ein gerader Kegelstumpf aus Stein ist 16 cm hoch, die beiden Radien der Grundflächen betragen zusammen 12 cm und haben das Verhältnis 3 : 5. Wie viel wiegt der Kegelstumpf im Wasser, wenn das specifische Gewicht des Steins 2,7 ist? — Reifeprüfung Ostern 1893: 1) Auf den Schenkeln eines rechten Winkels bewegen sich zwei Körper vom Scheitelpunkte aus. Der eine legt in jeder Sekunde 2 m, der andere, der 5 Sekunden später abgeht, als der erste, in jeder Sekunde 3 m zurück. Wann sind die Körper 250 m von einander entfernt? 2) Wenn die Differenz von Diagonale und Seite eines Quadrats gegeben ist, soll die Seite desselben berechnet werden. Aus dem erhaltenen Werte soll eine Konstruktion hergeleitet werden. 3) In einem Punkt greifen zwei Kräfte, 25,5 kg und 35,6 kg, an; die Mittelkraft ist die mittlere geometrische Proportionale zwischen den Seitenkräften. Welche Winkel bildet die Richtung der Mittelkraft mit denen der Seitenkräfte? 4) Die Mantelfläche eines geraden Kegels ist a, die Seite ist doppelt so gross, wie der Durchmesser der Grundfläche. Wie gross ist Oberfläche und Inhalt des Kegels? — 10. Physik. Mechanik. Akustik. 2 St. Forcke.

Gymnasial-Sekunda. Ordinarius: Oberlehrer Dr. Windel.

1. Religion. Bibellesen alten Testaments, besonders aus den Propheten, mit einleitenden Bemerkungen über die Bibel. Erklärung des Marcus-Evangeliums. Wiederholungen. Petris Lehrbuch der Religion. 2 St. Görges. — 2. Deutsch. a. Obersekunda: Mitteilung von Proben aus dem Urtext des Nibelungenliedes; Ausblicke auf nordische Sagen und die grossen germanischen Sagenkreise, auf die höfische Epik und die höfische Lyrik, besonders Walther von der Vogelweide. Etwas aus der Poetik der Dichtungsarten, bes. des Epos. Lektüre von Goethe's „Egmont", Schiller's „Wallenstein's Lager" und Auswahl der kleineren philosoph. Abhandlungen nach der Ausgabe von Imelmann. Vorträge bes. über Dichtungen nach eigenen Ausarbeitungen. Entgegennahme von Berichten der Schüler über ihre Privatlektüre, bes. Goethe's „Hermann und Dorothea" und „Götz von Berlichingen". 8 Aufsätze: 1) Durch welche Mittel gewinnt der Dichter im Proocmium der Odyssee das Interesse

für den Helden der Dichtung? 2) Wie setzt sich das Charakterbild des Goetheschen „Egmont“ aus der zweiten Scene des zweiten Actes zusammen? 3) Welchen Einfluss hat die Divination in ihren verschiedenen Arten auf die Schicksale des Aeneas im dritten Buche der Aeneis? 4) (Klassenaufsatz) Wie verläuft der fünfte Akt des Goetheschen „Egmont“? 5) Was ist zu halten von dem Worte: Quicquid erit, superando omnis fortuna ferenda est? (Dafür auch: Vergleich der Beschreibung der Leichenspiele in Verg. Aen. l. V und in Hom. Il. l. XXIII). 6) Der Gedankengang in Schiller's Prolog zu der ersten Aufführung von „Wallensteins Lager“. 7) Welches Bild von Personen und Zuständen in „Wallensteins Lager“ bekommen wir aus Schillers gleichnamiger Dichtung? 8) (Klassenaufsatz) Welche hauptsächlichen Themata führt Schiller aus in der ersten Hälfte seiner Rede: „Zu welchem Zwecke studiert man Universalgeschichte“, und welches sind die grossen Züge dieser Ausführung? 2 St. Schneidewin. b. **Untersekunda:** Goethes „Hermann und Dorothea“, Schillers „Dreissigjähriger Krieg“, Lessings „Minna von Barnhelm“, Schillers „Jungfrau von Orleans“. Vorträge. Auswendiglernen von Dichterstellen. 10 Aufsätze: 1) Was fällt uns besonders auf einem Gange durch unsere Stadt in die Augen? 2) Inwiefern kann man den Krieg mit einem Gewittersturm vergleichen? 3) Was erfahren wir aus dem Vorleben der in „Hermann und Dorothea“ auftretenden Personen? 4) Welche charakteristischen Züge treten an Hermann hervor? 5) Welche Stellung nahmen die Griechen zur Kunst und Wissenschaft ein, nach Cicero's Rede für den Dichter Archias? 6) Welche Aehnlichkeiten nehmen wir in dem Verhalten des T. Manlius Torq. (Liv. VIII. 7) und des Grossmeisters in Schillers „Kampf mit dem Drachen“ wahr? 7) Wem gegenüber hat man im Leben Mut zu beweisen? 8) Was erfahren wir in der Exposition von Lessings „Minna von Barnhelm“ über den Major von Tellheim? (Prüfungsaufsatz). 9) Welchen Zweck und Nutzen haben die Denkmäler? 10) Der Prolog in der „Jungfrau von Orleans“. 3 St. Walther. — 3. **Lateinisch.** a. **Obersekunda:** 1) Klassenlektüre: Cicero de imperio Cn. Pompei. Sallust, bellum Iugurthinum, c. 1—42. Livius l. XXII und XXIII in Auswahl. 2) Privatlektüre: Nepos: vita des Atticus, und Sall. bell. Iugurth. c. 42—86; Livius l. XXII und XXIII als Ergänzung der Klassenlektüre. 3 St. Stilistische Zusammenfassungen und grammat. Wiederholungen. 1 St. Alle 14 Tage abwechselnd ein Skriptum oder ein Extemporale im Anschluss an die Lektüre, daneben alle 6 Wochen eine Uebersetzung ins Deutsche und gelegentliche lateinische Inhaltsangaben. Windel. Vergil. Aen. III—XII mit Auswahl. 2 St. Schneidewin. b. **Untersekunda:** Cicero pro Archia poeta. Liv. VIII. Cic. pro Ligario. 2 St. Repetition und Erweiterung der Syntax nach Ellendt-Seyffert. Wöchentlich ein Exercitium aus Süpfle II oder ein Extemporale. 3 St. Walther. Auswahl aus Vergil. Aen. I. II. III. VII. IX. XII. 2 St. Dörries. — 4. **Griechisch.** a. **Obersekunda:** Xenoph. Memorabilien, l. I und Herodot VI, VII und VIII in Auswahl. 3 St. Windel. Homeri Odyssea IX—XVIII. XXI, davon X. XII. XVII als Privatlektüre. 2 St. Dörries. Abschluss der Tempus- und Moduslehre. Infinitiv und Participium nach Koch, griech. Grammatik. Alle 4 Wochen eine schriftliche Uebersetzung aus dem Griechischen. 1 St. Windel. b. **Untersekunda:** Xenoph. Anabasis l. III und IV u. Hellenica l. I u. II in Auswahl. 2 St. Windel. Homeri Odyss. lib. I—VI in Auswahl. 2 St., S. Schneidewin, W. Eggers. Lehre von den Pronomen, Kasus; Hauptregeln der Tempus- und Moduslehre nach Kochs griech. Grammatik. Alle 14 Tage ein Exercitium oder ein Extemporale im Anschluss an die Lektüre. 2 St. Windel. — 5. **Französisch.** a. **Obersekunda:** Sarcey, Siège de Paris. Molière, L'avare. Gelegentliche zusammenfassende grammat. Wiederholungen. Alle 14 Tage eine Uebersetzung ins Deutsche. 2 St. Kammer. b. **Unter-**

sekunda: Souvestre, Au Coin du Feu. Erckmann-Chatrian, „Waterloo". Grammatik (nach Knebel): Tempus- und Moduslehre, Infinitif, Particip, Artikel, Adjectiv, Adverb, Rection, Präpositionen. Repetition der unregelmässigen Verba und der Pronomina. Alle 14 Tage abwechselnd ein Exercitium oder ein Extemporale, dafür bisweilen ein Diktat. 2 St. Kummer. — 6. Hebräisch (fakultativ für Ober-II). Elementarlehre und Verballehre nach Seffers Elementarbuch. 2 St. Schneidewin. — 7. Englisch (Obersekunda). Schmidt, Elementargrammatik der englischen Sprache, §§ 15—21. Uebersetzung der englischen Stücke im Anhang. Diktate, mündliche und schriftliche Uebersetzungen ins Englische. 2 St. Kummer. — 8. Geschichte und Erdkunde. a. Obersekunda: Griechische und römische Geschichte. 3 St. Tröbst. b. Untersekunda: Deutsche und preussische Geschichte vom Regierungsantritt Friedrichs des Grossen bis zur Gegenwart. Wiederholung der Erdkunde Europas. 3 St. Windel. — 9. Mathematik. a. Obersekunda. Aehnlichkeitslehre, einfache geometrische Berechnungen nach Kambly. Quadratische Gleichungen, Potenzen, Wurzeln, Gebrauch der Logarithmen-Tafeln, arithmetische und geometrische Reihen nach Neumann, Lehrbuch der Arithmetik. Ebene Trigonometrie. Alle 14 Tage abwechselnd eine häusliche oder eine Klassenarbeit. 4 St. Forcke. b. Untersekunda. Ausmessung geradliniger Figuren, Aehnlichkeit der Dreiecke, Berechnung des Kreis-Inhaltes und -Umfanges nach Kambly, Gleichungen mit mehreren Unbekannten, quadratische Gleichungen mit einer Unbekannten, Potenzen, Wurzeln, logarithmische Rechnungen nach Neumann, Lehrbuch der Arithmetik. Die einfachen Körper. Trigonometrische Berechnung rechtwinkliger und gleichschenkliger Dreiecke. Alle 14 Tage eine schriftliche Arbeit. 4 St. Hormann. — 10. Physik. a. Obersekunda: Die Anfangsgründe der Chemie. Wärmelehre, Magnetismus, Elektrizität. 2 St. Forcke. b. Untersekunda: Die Anfangsgründe der Chemie. Akustik, Optik, Magnetismus, Elektrizität. 2 St. Hormann.

Gymnasial-Obertertia. Ordinarius: Oberlehrer Walther.

1. Religion. Das Reich Gottes im neuen Testament. Die Bergpredigt und die Gleichnisse. Reformationsgeschichte im Anschluss an ein Lebensbild Luthers. Wiederholung des kleinen Katechismus, von Gesängen und Bibelstellen. Erklärung einiger Psalmen. 2 St. Amrhein. — 2. Deutsch. Lektüre aus Hopf und Paulsiek (Band für Tertia); Balladen von Schiller und „Die Glocke" gelernt, Schillers „Tell" gelesen. Dispositionsübungen. 10 Aufsätze. 2 St. Tröbst. — 3. Lateinisch. Syntax nach Ellendt-Seyfferts lateinischer Grammatik, wöchentlich ein Exercitium aus den lateinischen Stilübungen von Süpfle I oder ein Extemporale. Mündliche Uebersetzungen aus der Anleitung zum Uebersetzen von Ostermann I. 3 St. Caesaris bellum gallicum III. IV. V. Ovidii Metamorphoses Nr. 4, 12 nach Siebelis. 4 St. Walther. — 4. Griechisch. Die Formenlehre des attischen Dialektes nach Koch. Alle 14 Tage ein Extemporale oder ein Exercitium. Im Sommer 3 St., im Winter 2 St. Xenoph. Anab. I. II, im Sommer 3 St., im Winter 4 St. Walther. — 5. Französisch. Knebel, Schulgrammatik, §§ 31—34. 57—58. 62—63. 69. Wiederholung der unregelmässigen Verba. Lektüre: Erckmann-Chatrian, Histoire d'un conscrit. Alle 14 Tage ein Exercitium oder ein Ex-

temporale, bezw. Diktat. 3 St. Amrhein. — 6. Geschichte. Deutsche Geschichte vom Ausgang des Mittelalters bis zum Regierungsantritt Friedrichs des Grossen. Nach Köperts Geschichts-Kursus. 2 St. Tröbst. — 7. Erdkunde. Physikalische und politische Erdkunde von Nord- und Süddeutschland nach Kirchhoffs Schulgeographie. 1 St. Walther. — 8. Mathematik. Planimetrie: Kreislehre, Flächenvergleichung, Ausmessung geradliniger Figuren, Anfangsgründe der Aehnlichkeitslehre nach Kambly. Arithmetik: Negative Zahlen, Gleichungen ersten Grades mit einer und mehreren Unbekannten, Proportionen, Potenzen mit positiven ganzzahligen Exponenten, das Notwendigste über Wurzelgrössen nach Nenmann. Aufgaben nach Heis, Aufgabensammlung. Alle 14 Tage eine Arbeit. 3 St. Hormann. — 9. Im Sommer: Naturbeschreibung: Der Mensch, nach Bail. Im Winter: Physik: Mechanische Erscheinungen, das Wichtigste aus der Wärmelehre. 2 St. Hormann. — 10. Zeichnen. Zeichnen nach Geräten; Umrisszeichnen nach plastischen Ornamenten; Uebungen in der Wiedergabe natürlicher Gegenstände (Muschel, Pilze, Tierschädel). 2 St. Trau.

Gymnasial-Untertertia. Ordinarius: Oberlehrer Dr. Tröbst.

1. Religion. Gesch. des Reiches Gottes im alt. Testamente. Wiederhol. des kleinen Katechismus, von Gesängen u. Bibelstellen. 2 St., S. Amrhein, W. Eggers. — 2. Deutsch. Lektüre aus dem Lesebuche von Hopf und Paulsiek (Band für Tertia); Durchnahme und Auswendiglernen von Gedichten, besonders Uhlandscher Balladen. 10 Aufsätze. Grammatik nach Lattmanns Grundzügen. 2 St., S. Tröbst, W. Eggers. — 3. Lateinisch. Syntax nach Ellendt-Seyfferts lat. Grammatik, wöchentlich ein Exercitium aus Ostermann oder ein Extemporale, statt des letzteren zuweilen eine Uebersetzung aus Caesar. Mündliche Uebersetzungen aus Ostermann. 3 St. Tröbst. Caesaris bellum Gallicum libr. VI. VII. 4 St. Tröbst. — 4. Griechisch. Formenlehre des attischen Dialekts bis zu den verba liquida inklusive nach Kochs Grammatik. Mündliches Uebersetzen nach Weseners Uebungsbuch und Vokabel-Lernen. Alle 14 Tage ein Exercitium oder ein Extemporale. 6 St. Tröbst. — 5. Französisch. Wiederholung aus Probst, Vorschule, L. 1—146. Erlernen der unregelmässigen Verba auf er, ir, re (mit Auswahl). Lektüre: Erckmann-Chatrian, Histoire d'un conscrit. Alle 14 Tage ein Exercitium oder ein Extemporale. 3 St. Amrhein. — 6. Geschichte. Deutsche Geschichte bis zum Ausgang des Mittelalters. Nach Köpert. 2 St. Amrhein. — 7. Erdkunde. Wiederholung der aussereuropäischen Erdteile. Politische Geographie Deutschlands. Nach Kirchhoffs Schulgeographie. 1 St. Hormann. — 8. Mathematik. Planimetrie: Wiederholung und Erweiterung des Pensums der Quarta. Hauptsätze der Kreislehre. Nach Kambly. Arithmetik: Die 4 Spezies mit absoluten Zahlen. Nach Nenmann. Aufgaben nach der Sammlung von Heis. Alle 14 Tage eine Arbeit. 3 St. Hormann. — 9. Naturbeschreibung. Im Sommer: Botanik. Natürliche Familien. Systematik. Biologie. Nutzpflanzen. Im Winter: Zoologie. Ueberblick über das Tierreich. Grundbegriffe der Tiergeographie. Botanik. Einiges aus der Anatomie u. Physiologie der Pflanzen. Bail I. II. 2 St. Rode. — 10. Zeichnen. Zeichnen nach einfachen Holzmodellen im Umrissen; Zeichnen nach gepressten Blättern, nach Schmetterlingen und Käfern mit Angabe der Farbe. 2 St. Trau.

Quarta A. Ordinarius: Oberlehrer Dr. Amrhein.

1. Religion. Das Allgemeinste von der Einteilung der Bibel und die Reihenfolge der biblischen Bücher. Uebungen im Aufschlagen von Sprüchen. Lesung wichtiger Abschnitte des alten und neuen Testamentes. Wiederholung des ersten und zweiten Hauptstückes mit den dazu in VI und V gelernten Bibelsprüchen. Erklärung und Einprägung des 3. Hauptstückes mit Luthers Auslegung und Bibelsprüchen. Auswendiglernen des 4. und 5. Hauptstückes. Wiederholung der in VI und V gelernten Kirchenlieder und Einprägung von 4 neuen. 2 St. Tönnies. — 2. Deutsch. Lektüre nach Hopf und Paulsiek. Grammatik nach Lattmann, Grundzüge der deutschen Grammatik. Auswendiglernen von Gedichten. 10 Aufsätze und 10 Diktate. 3 St. Amrhein. — 3. Lateinisch. Wiederhol. der Formenlehre u. Durchnahme der Kasuslehre nach Ellendt-Seyffert. Wöchentl. ein Exercitium nach Ostermann oder ein Extemporale. Ausserdem 6 Uebers. aus d. Latein. in d. Deutsche. Mündliches Uebers. nach Ostermann. Lektüre von Cornel. Nep. I-II. V-VII. XIII nach Nipperdeys Schulausgabe. 7 St. Amrhein. — 4. Französisch. Wiederhol. u. Ergänz. des Quintapensums. Probst, Vorschule, 77—111. Wöchentlich ein Exercitium, ein Diktat oder ein Extemporale. 4 St. Stöver. — 5. Geschichte. Griechische und römische Geschichte nach Köperts Tabellen. 2 St. Stoffers. — 6. Erdkunde. Physikalische und politische Geographie von Deutschland, nach Kirchhof, Schulgeographie. 2 St. Stoffers. — 7. Rechnen und Geometrie. Rechnen: Wiederholung des Pensums der Quinta. Dezimalrechnung. Einfache und zusammengesetzte Regeldetrie. Aufgaben aus dem bürgerlichen Leben nach Harms und Kallius. Geometrie: Lehre von den Geraden, Winkeln und Dreiecken nach Kambly, Elementarmathematik. Alle 14 Tage eine Arbeit. 4 St. Ohlendorf. — 8. Naturbeschreibung. Im Sommer Botanik: Vergleichende Beschreibung verwandter Arten und Gattungen von Blütenpflanzen. Uebersicht über das natürliche System. Lebenserscheinungen der Pflanzen. Im Winter Zoologie: Niedere Tiere, namentlich nützliche und schädliche, sowie deren Feinde, mit besonderer Berücksichtigung der Insekten. Bail I u. II. 2 St. Tönnies. — 9. Zeichnen. Flächenornamente; Zeichnen nach Schmetterlingen und Naturblättern. 2 St. Tran.

Quarta B. Ordinarius: Wissenschaftlicher Hülfslehrer Stöver.

1. Religion. Kombiniert mit Quarta A. — 2. Deutsch. Wie in Quarta A. 3 St. Stöver. — 3. Lateinisch. Wie in Quarta A. Lektüre von Cornelius Nepos XI—XIII. XV—XVII nach Nipperdeys Schulausgabe. 7 St. Stöver. — 4. Französisch. Wie in Quarta A. 4 St. Stöver. — 5. Geschichte. Kombiniert mit Quarta A. — 6. Erdkunde. Kombiniert mit Quarta A. — 7. Rechnen und Geometrie. Wie in Quarta A. 4 St. Ohlendorf. — 8. Naturbeschreibung. Kombiniert mit Quarta A. — 9. Zeichnen. Wie in Quarta A. 2 St. Tran.

Quinta A. Ordinarius: Wissenschaftlicher Hülfslehrer Stoffers.

1. Religion. Biblische Geschichten des neuen Testamentes. Wiederholung des ersten Hauptstückes mit Sprüchen. Erklärung und Einprägung des zweiten Hauptstückes mit Luthers Aus-

legung und einer mässigen Zahl von Katechismussprüchen. Wiederholung der in VI gelernten Kirchenlieder und Einprägung von 4 neuen. 2 St. Tönnies — 2. Deutsch. Lesen und Besprechen von Lesestücken aus Hopf und Paulsieks Lesebuch für Quinta. Auswendiglernen von Gedichten. Das Wichtigste aus der Formenlehre und der Syntax des einfachen Satzes. Interpunktion, Orthographie. Nach Lattmann. Aufsatzübungen. Alle 8 Tage ein orthographisches Diktat. In einer Stunde Charakterbilder aus der deutschen Geschichte. 3 St. Stoffers. — 3. Lateinisch. Regelmässige und unregelmässige Formenlehre nach Ellendt-Seyfferts Grammatik. Einige syntaktische Regeln. Wöchentlich eine Hausarbeit oder Reinschrift einer Klassenarbeit. Mündliche Einübungen der Formen nach Ostermanns Uebungsbuch für Quinta. 8 St. Stoffers. — 4. Erdkunde. Physische und politische Erdkunde Deutschlands nach Kirchhof. Weitere Einführung in das Verständnis des Reliefs, des Globus und der Karten. Anfänge im Entwerfen von einfachen Umrissen an der Wandtafel. 2 St. Jördens. — 5. Rechnen. Teilbarkeit der Zahlen. Rechnen mit gemeinen Brüchen, die deutschen Masse und Münzen nach Harms und Kallius, §§ 6—33 z. T. Alle 14 Tage eine Arbeit. 4 St. Rode. — 6. Naturbeschreibung. Im Sommer: Botanik. Im Winter: Zoologie. Vergleichen und Unterscheiden von Pflanzen und Tierarten, die zu einer Gattung gehören. Nach Bail I. 2 St. Rode. — 7. Schreiben. Deutsche und lateinische Schrift nach den Vorschriften von Oppermann. 2 St. Jördens. — 8. Zeichnen. Kreis, Teilung desselben; Oval, Spirale; einfache Ornamente (auch in Farben). 2 St. Trau

Quinta B. Ordinarius: Wissenschaftlicher Hülfslehrer Dr. Hormann.

1. Religion. Kombiniert mit Quinta A. — 2. Deutsch. Kombiniert mit Quinta A. — 3. Lateinisch. Wie in Quinta A. 8 St. Hormann. — 4. Erdkunde. Kombiniert mit Quinta A. 5. Rechnen. Wie in Quinta A. 4 St. Rode. — 6. Naturbeschreibung. Kombiniert mit Quinta A. — 7. Schreiben. Kombiniert mit Quinta A. — 8. Zeichnen. Wie in Quinta A. 2 St. Trau.

Sexta. Ordinarius: Lehrer Rode.

1. Religion. Biblische Geschichte des alten Testaments und die Festgeschichten nach Römheld. Das erste Hauptstück mit Luthers Erklärung, das zweite und dritte Hauptstück ohne Erklärung. Bibelsprüche und Gesangverse. 3 St. Rode. — 2. Deutsch. Lesen und Besprechen der Lesestücke (Hopf und Paulsieks Lesebuch für Sexta). Deklamationen gelernter Gedichte. Lebensbilder aus der vaterländischen Geschichte. Wortarten und Satzlehre. Einübung der Orthographie durch Diktate. 4 St. Stempell. — 3. Lateinisch. Die regelmässige Formenlehre nach der Grammatik von Ellendt-Seyffert. Mündliche Uebungen im Uebersetzen und Lernen von Vokabeln nach Ostermanns Uebungsbuche für Sexta. Wöchentlich eine schriftliche Arbeit. 8 St. Stempell. — 4. Erdkunde. Grundbegriffe der physischen und der mathematischen Erdkunde elementar und in Anlehnung an die nächste örtliche Umgebung. Anleitung zum Verständnis des Reliefs, des Globus und der Karten. Oro- und hydrographische Verhältnisse der Erdoberfläche im allgemeinen. Bild

der engeren Heimat insbesondere. 2 St. Jördens. — 5. Rechnen. Die 4 Spezies mit ganzen Zahlen, benannten und unbenannten, nach Harms und Kallius, §§ 1—12 z. T. Alle 14 Tage eine schriftliche Arbeit. Die deutschen Masse, Gewichte und Münzen. Uebungen in der dezimalen Schreibweise und einfachen Dezimalrechnungen. 4 St. Rode. — 6. Naturbeschreibung. Im Sommer Botanik: Beschreibung von Blütenpflanzen. Im Winter Zoologie: Beschreibung wichtiger Säugetiere und Vögel, nebst Mitteilungen über ihre Lebensweise, ihren Nutzen oder Schaden. Bail I. 2 St. Jördens. — 7. Schreiben. Oppermann: Deutsch Heft 2—5, Latein Heft 2—5. 2 St. Jördens.

B. Realprogymnasium.

Real-Sekunda. Ordinarius: Oberlehrer Görges.

1. Religion. Bibellesen alten Testaments, besonders aus den Propheten mit einleitenden Bemerkungen über die Bibel; Erklärung des Marcus-Evangeliums. Wiederholungen. 2 St. Görges. — 2. Deutsch. Gelesen: Schillers „Dreissigjähriger Krieg" und „Lied von der Glocke"; Goethes „Hermann und Dorothea"; Lessings „Minna von Barnhelm". Dichterstellen gelernt. Disponierübungen. Vorträge. 10 Aufsätze: 1) Johannes Parricida in Schillers „Wilhelm Tell". 2) Des Labienus Kampf mit den Treverern. 3) Stadt und Land. 4) Ernst von Mansfeld ... issigj. Krieges). 5) Inwiefern ... h zwischen Gustav Adolf und ... hea". 8) Wodurch weiss der ... scheidung des Wirts zu ver- ... üfungsaufsatz). 10) Welcher ... sar, de bello gall., Buch ... iederholung der Formen- ... s nach Ellendt-Seyffert. ... ie Uebersetzung aus dem ... Bonaparte en Égypte. ... Tempora, Modi, Infinitiv, ... t oder Exercitium aus ... gn of Queen Elizabeth. ... chselnd ein Exercitium ... esenem. 3 St. Kummer. ... 1740—1888. Köperts ... : Wiederholung der ausserdeutschen Länder Europas und Deutschlands. 1 St. Görges. — 7. Mathematik. Potenzen, Wurzeln, Logarithmen, quadratische Gleichungen. Nach Neumann, Lehrbuch der Arithmetik. Berechnung des Kreisumfangs und Inhalts. Trigonometrische Berechnung von Dreiecken. Die wichtigsten Sätze über Gerade und Ebenen und die einfachen Körper. Nach Kambly. Alle 14 Tage abwechselnd eine häusliche oder eine Klassenarbeit. 5 St. Forcke. Reifeprüfung Ostern 1893: 1) $\frac{14}{25,3}\sqrt[5]{\frac{7,138^7}{37,8144}}$. 2) Es soll ein gleich-

schenkligen Dreieck konstruiert werden, wenn der Schenkel desselben gegeben ist, und wenn die demselben zugehörige Höhe gleich dem kleineren Abschnitt des stetig geteilten Schenkels ist. 3) Der Inhalt eines rechtwinkligen Parallelepipedons ist 250 cbm. zwei Kanten sind 4 m und 10 m. Wie gross ist die dritte Kante, die Oberfläche und die Diagonale des Parallelepipedons? — 8. Physik. Propaedeutischer Unterricht in der Chemie. Elemente der Krystallographie. Akustik, Optik, Magnetismus, Elektrizität. Nach Koppe. 3 St. Forcke. — 9. Naturbeschreibung. Anatomie und Physiologie der Pflanzen und des Menschen. Gesundheitspflege. Nach Bail II. 2 St. Rode. — 10. Zeichnen. 1. Freihandzeichnen: Zeichnen nach Gypsmodellen mit Angabe von Licht und Schatten. 2. Geometrisches Zeichnen: Projektion der Körper nach Modellen von Will; Zeichnen der Schnitte und Abwicklungen. 2 St. Tran.

Real-Tertia. Ordinarius: Gymnasiallehrer Ohlendorf.

1. Religion. Das Reich Gottes im neuen Testamente. Reformationsgeschichte im Anschluss an ein Lebensbild Luthers. Erklärung einiger Psalmen. Wiederholung des kleinen Katechismus und von Gesängen u. Bibelstellen. 2 St. Ohlendorf. — 2. Deutsch. Wiederhol. aus der Grammatik von Lattmann; eine Reihe von Lesestücken aus Hopf und Paulsiek durchgenommen. Aus Homers Odyssee (nach Voss), Schillers „Lied von der Glocke" und Uhlands „Ernst von Schwaben" gelesen, mehrere Gedichte und Dichterstellen gelernt. 10 Aufsätze. 3 St. Görges. — 3. Lateinisch. Grammatik: a. Untertertia: Auswahl aus der Kasus- und Moduslehre nach Ellendt-Seyfferts Grammatik; mündliches Uebersetzen aus Becks Uebungsbuch zum Uebersetzen aus dem Deutschen ins Lateinische, 6. Kursus. Alle 14 Tage abwechselnd ein Exercitium oder ein Extemporale, letzteres nach Caesar. 2 St. Stoffers. b. Obertertia: Erweiterung des Pensums der Untertertia, sonst dasselbe. 2 St. Stoffers. Lektüre: kombiniert: Auswahl aus Cäsars Kommentarien über den gallischen Krieg, Buch II und III. 2 St. Stoffers. — 4. Französisch. a. Obertertia: Knebels Schulgrammatik, Syntax: Pronomina, §§ 85—93; Adverb, §§ 121—122; Präpositionen, Konjunktionen, §§ 123—124; Rektion des Verbums, §§ 94—95; Kasuslehre, §§ 76—78. Wiederholungen des ganzen Untertertiapensums. Mündliche Uebersetzungen aus Probst, Uebungsbuch II. Im ersten Semester: Voltaire: Charles XII., Buch V, VI mit Auswahl, im zweiten Semester: Erckmann-Chatrian, Histoire d'un conscrit de 1813. Wöchentlich ein Exercitium oder ein Extemporale. 4 St. Petersen. b. Untertertia: Knebels Schulgrammatik: Wiederholung der regelmässigen Konjugation sowie von avoir und être, einige unregelmässige Verben, Fürwörter, Veränderung des Perfektpartizips, Adverb, die Präpositionen de und à. Wiederholungen des Quarta- und Quintapensums. Sprechübungen. Mündliche Uebersetzungen aus Probst, Uebungsbuch I. Erckmann-Chatrian, Histoire d'un conscrit. Wöchentlich ein Exercitium, Extemporale oder Diktat. 5 St. Petersen. — 5. Englisch. a. Obertertia. Lesestücke aus Schmidt, Anhang. Grammatik von J. Schmidt, §§ 15—20, 23, 25. Mündliche Uebersetzungen aus Schmidt. Wiederholungen. Alle 14 Tage abwechselnd ein Exercitium (aus Schmidt) oder ein Extemporale, bisweilen ein Diktat. 3 St. Kummer. b. Untertertia. Schmidt, Elementarbuch, §§ 1—15. Sprech- und Leseübungen, mündliche Uebersetzungen aus Schmidt, Lektüre und Memorieren ausgewählter Stücke

aus Schmidt, 2. Teil, und im Anschluss daran die wichtigsten grammatischen Regeln propaedeutisch. Alle 14 Tage ein Diktat, Extemporale oder Exercitium. 3 St. Petersen. — 6. Geschichte und Erdkunde. Einiges aus der römischen Kaiserzeit; Deutsche Geschichte bis 1517 und Wiederholungen der alten Geschichte nach Köperts Geschichts-Kursus. 2 St Görges. Erdkunde: Physische und politische Erdkunde von Deutschland. 2 St. Stoffers. — 7. Mathematik. a. Obertertia. Arithmetik: Wiederholung des Pensums der Untertertia. Negative Zahlen, Proportionen, Gleichungen ersten Grades. Lehre von den Potenzen und Wurzeln. Einfache quadratische Gleichungen mit einer Unbekannten. Nach Neumann. Aufgaben nach Heis. Planimetrie: Wiederholung und Erweiterung des Pensums der Untertertia, dann Vergleichung des Flächeninhalts, Verwandlung, Teilung und Ausmessung geradliniger Figuren. Aehnlichkeit der Figuren. Berechnung regulärer Vielecke sowie des Kreisinhaltes und -umfanges. Nach Kambly. Alle 14 Tage eine Arbeit. 5 St. Ohlendorf. b. Untertertia. Arithmetik: Die Grundrechnungen mit absoluten Zahlen. Bestimmungsgleichungen ersten Grades. Anwendung derselben auf Aufgaben aus dem bürgerlichen Leben und dem sogenannten kaufmännischen Rechnen. Nach Neumann. Aufgaben nach Heis und Harms und Kallius. Planimetrie: Wiederholung und Erweiterung des Pensums der Quarta. Kreislehre (mit Auswahl). Sätze über Flächengleichheit von Figuren. Berechnung der Fläche geradliniger Figuren. Alle 14 Tage eine Arbeit. 5 St. Ohlendorf. — 8. Naturbeschreibung. a. Obertertia. Im Sommer: Botanik. Natürliche Familien. Nutzpflanzen. Pflanzengeographie. Im Winter: Zoologie. Uebersicht über die Gliederfüsser. Würmer, Weichtiere. Stachelhäuter. Darmlose Tiere. Urtiere. Uebersicht über das Tierreich. System der Wirbeltiere. Bail I u. II. 2 St. Rode. b. Untertertia. Im Sommer: Botanik. Wiederholungen und Erweiterungen des Botanischen Lehrstoffs der früheren Klassen mit Rücksicht auf die Erlernung des natürlichen Systems der Phanerogamen. Im Winter: Zoologie. Gliedertiere. Bail I u. II. 2 St. Ohlendorf. — 9. Zeichnen. a. Obertertia. 1. Freihandzeichnen: Zeichnen nach plastischen Ornamenten im Umriss, die ersten Uebungen im Schattieren nach einfachen Modellen. 2. Geometrisches Zeichnen: Anleitung zum Gebrauch des Zirkels und der Reisschiene; die gebräuchlichsten geometrischen Konstruktionen. 2 St. Trau. b. Untertertia. Freihandzeichnen: Flächenornamente, auch in Farben; Zeichnen einfacher Holzkörper und Gypsfiguren im Umriss. 2 St. Trau.

C. Vorschule.

Vorklasse I. Ordinarius: Lehrer Jördens.

1. Religion. Ausgewählte biblische Geschichten des alten und neuen Testaments nach Römheld. Gelernt wurden: Gesangverse und Sprüche; die zehn Gebote und das Vaterunser ohne Erklärung. 4 St. Tönnies. — 2. Deutsch. Lesen, Besprechen und Erzählen der Lesestücke aus Paulsieks deutschem Lesebuche für die erste Vorklasse. Deklamationen gelernter Gedichte. Unterscheidung der hauptsächlichsten Redeteile. Hauptwort, Eigenschaftswort, Zeitwort und persön-

liches Fürwort, Zahlwort. Uebungen zur Befestigung der Orthographie. Schriftliche Arbeiten: Abschreiben aus dem Lesebuche und Arbeiten zur Befestigung der Grammatik. Diktate. I. Abteilung 6 St. II. Abteilung: Lesen und Besprechen der Lesestücke und Lernen einiger Gedichte aus Paulsieks Lesebuche. Hauptwort, Eigenschaftswort. Abschreiben aus dem Lesebuche. Kombiniert mit Abteilung I. 4 St. Tönnies. — 3. Rechnen. II. Heft von Chr. Harms. 5 St. Jördens. — 4. Schreiben. Nach Vorschriften von Oppermann und an der Wandtafel. Taktschreiben. 3 St. Jördens. — 5. Anschauungsunterricht. Besprechen von Gegenständen nach Wandtafeln von Winkelmann. Beschreibung einiger Pflanzen und Tiere. Einüben kleiner Gedichte. ½ St. Kombiniert mit der II. Vorklasse. Tönnies. — 6. Heimatskunde. Stadt und Umgegend; Provinz Hannover, Karte von H. Guthe. 1 St. Jördens.

Vorklasse II. Ordinarius: Lehrer Tönnies.

1. Religion. Kombiniert mit der 1. Vorschulklasse. 4 St. Tönnies. — 2. Lesen. Aus Fibel und Paulsieks Lesebuch. — 3. Schreiben. Nach Vorschriften an der Wandtafel und von Oppermann und Abschreiben kleiner Lesestücke aus Fibel und Lesebuch. Taktschreiben. 7 St. Tönnies. — 4. Rechnen. I. Heft von Chr. Harms. 5 St. Jördens. — 5. Anschauungsübung. Kombiniert mit der 1. Vorschulklasse. ½ St. Tönnies.

Von der Teilnahme am Religions-Unterrichte waren während des Wintersemesters in G. II. 0, in R. II. 0, in G. IIIa. 11, in G. IIIb. 4, in R. III. 17, in IVa. 2, in IVb. 5 Konfirmanden dispensiert.

Technischer Unterricht.

a. Turnen.	Abt. 1 umfasst die Kl. I, G. II und R. II.	2 St.	Dispensiert	5 Schüler.	Görges.
	„ 2 „ „ „ G. IIIa und b.	„ „	„	2 „	Görges*).
	„ 3 „ „ „ R. IIIa und b.	„ „**)	„	2 „	Stöver.
	„ 4 „ „ „ IVa und b.	„ „**)	„	3 „	Stöver.
	„ 5 „ „ „ Va und b.	„ „**)	„	0 „	Rode.
	„ 6 „ „ „ VI.	„ „**)	„	1 „	Rode
	„ 7 „ „ erste Vorklasse.	½ „	„	0 „	Jördens.

*) Im laufenden Schuljahre vertreten durch den Lehrer Dahlgrün.
**) Dazu 1 Stunde Turnspiele.

b. **Singen.** I, G. II und R. II: 1 St. Männerchor. Ohlendorf. — I—IV: Chorstunde. Ohlendorf. — III—IV: Sopran und Alt für den gemischten Chor. 1 St. Ohlendorf. — V: 2 St. Ohlendorf. — VI: 2 St. Tönnies. — 1. und 2. Vorschulklasse: [illegible] St. Tönnies.

c. **Fakultatives Zeichnen.** I—G. IIb: 2 Stunden. Es nahmen teil im Sommer 9 Schüler, im Winter 6 Schüler. Trau.

---

4. Zusammenstellung der eingeführten Lehrbücher (exkl. Texte, Lexika, Atlanten etc.).

1. Fach.	2. Bezeichnung.	3. Für die Klassen
Religion	Römheld, bibl. Geschichte für die unteren Klassen der Gymnasien u. s. w. Ausgabe ohne Holzschnitte	V. VI. 1. u. 2. Vorkl.
	Petri, Lehrbuch der Religion	I. G. II.
	Katechismus	
	Gesangbuch	
Deutsch	Fibel für Stadt- und Landschulen. Harburg bei Elkan. .	1. und 2. Vorklasse.
	Paulsiek, Deutsches Lesebuch für die Vorschulen höherer Lehranstalten, 1. und 2. Abteilung	1. und 2. Vorklasse.
	Hopf und Paulsiek, Deutsches Lesebuch II, 1—I	G. und R. III—VI.
	Lattmann, Grundzüge der deutschen Grammatik	IIIb—VI.
	Regeln- und Wörterverzeichnis für die deutsche Rechtschreibung	
Lateinisch	Ellendt-Seyffert, lateinische Grammatik	I—VI. R. II und III.
	Ostermann, lateinische Uebungsbücher, 1—4	G. IIIa—VI.
	Beck. lateinisches Uebungsbuch	R. III.
	Süpfle, lateinische Stilübungen, II. I.	G. IIb. IIIa und IIIb.
Griechisch	Koch, griechische Grammatik	I—G. IIIb.
	Wesener, griechisches Elementarbuch, 1 und 2	G. IIIa und IIIb.
Französisch	Probst, praktische Vorschule der französischen Sprache . .	G. IIIb. IV.
	Knebel, französische Schulgrammatik	I—IIIa. R. II und III.
	Probst, Uebungsbuch, 1	IIb u. IIIa. R. II u. III.

1. Fach.	2. Bezeichnung.	3. Für die Klassen
Englisch	Schmidt, Lehrbuch der englischen Sprache, I. Teil	G. IIa. R. II und III.
	Wilcke, Materialien zum Uebersetzen a. d. Deutschen ins Englische	R. II.
Hebräisch	Seffer, Elementarbuch der hebräischen Sprache	I. G. IIa.
Geschichte u. Erdkunde	Köpert, Geschichtskursus	G. IIb. R. II. G. R. III. IV.
	Herbst, historisches Hülfsbuch für die oberen Klassen . . .	I. G. IIa.
	Kirchhof, Schulgeographie	R. II. III. G. IIb—V.
Naturwissenschaften	Bail, Zoologie und Botanik	R. II. III. G. IIIa—VI.
	Koppe, Lehrbuch der Physik	I. G. II und R. II.
Mathematik u. Rechnen	Kambly, Elemente der Mathematik	I—IV. R. II und III.
	Neumann, Lehrbuch der allgemeinen Arithmetik und Algebra	I—III. R. II und III.
	Heis, Sammlung von Beispielen und Aufgaben	I—III. R. II und III.
	Wittstein, logarithmisch-trigonometrische Tafeln . : . . .	I. II. R. II.
	Harms und Kallius, Rechenbuch	R. IIIb. IV—VI.
	Harms, Rechenbuch für die Vorschule	1. und 2. Vorklasse.
Singen	Stein, Auswahl von Gesängen für gemischten Chor	I—V.
	Stein, Volkslieder	I—VI.

Zur Anschaffung empfohlen wird für die neu eintretenden Schüler: Debes, Schulatlas für mittlere Klassen höherer Schulen.

NB. Von Hopf und Paulsiek, deutsch. Lesebuch, Ellendt-Seyfferts lat. Schulgrammatik, Ostermanns Uebungsbüchern, Weseners griech. Elementarbuche, Kirchhof, Schulgeographie, Bail, Zoologie und Botanik sind in den Klassen, in denen diese Bücher oder Teile derselben zuerst gebraucht werden, die letzten, den neuen Lehrplänen angepassten Auflagen von den Schülern anzuschaffen.

II. Verfügungen der vorgesetzten Behörden.

1. Verfügungen des Königl. Provinzial-Schul-Kollegiums. 1892: 15. Februar, enthaltend Mitteilung eines Ministerialerlasses vom 18. Januar, betr. Aenderungen im Berechtigungswesen der höheren Preussischen Schulen; 26. Februar; betr. Einrichtung von Turnspielen der Turnabteilungen 3—6; 7. April, betr. Neuordnung der Ferien; 20. Mai, enthaltend abschriftliche Mitteilung eines Ministerialerlasses vom 9. Mai betr. Schülerverbindungen und Auftrag, einen Auszug aus dem Zirkular-Erlasse vom 29. Mai 1880 im Anstaltsprogamme zu veröffentlichen (s. unter „Mitteilungen an die Eltern"); 17. Juni, enthaltend abschriftliche Mitteilung eines Ministerialerlasses vom 20. Mai betr. Schutzmassregeln gegen die Verbreitung der Tuberkulose; 21. Juni, enthaltend abschriftliche Mitteilung eines Ministerialerlasses vom 16. Juni betr. Ausfall von Unterrichtsstunden bei hohem Wärmegrade; 28. Juli, enthaltend abschriftliche Mitteilung eines Ministerialerlasses vom 22. Juli betr. Erwerbung des Zeugnisses der Primareife an Oberrealschulen; 24. August, enthaltend erneuten Hinweis auf den Ministerialerlass vom 16. Juni; 12. September, enthaltend abschriftliche Mitteilung eines Ministerialerlasses vom 5. September betr. zeitweilige Ausschliessung von Schülern beim Auftreten der Cholera, bezw. Schliessung der Schulen; 15. September, betr. Aenderung der Titel- und Rangverhältnisse der festangestellten wissenschaftlichen Lehrer. (Sämmtliche festangestellte wissenschaftliche Lehrer aller öffentlichen höheren Schulen des Amtsbereiches gehören der fünften Rangklasse an und führen fortan die Amtsbezeichnung „Oberlehrer"); 22. September, enthaltend abschriftliche Mitteilung eines Ministerialerlasses vom 9. Sept. betr. Vornahme von Turnübungen bei Schülerausflügen; 26. September, enthaltend abschriftliche Mitteilung eines Ministerialerlasses vom 31. August betr. Einführung des hundertteiligen Thermometers; 27. September, enthaltend abschriftliche Mitteilung eines Ministerialerlasses vom 21. Sept. betr. Verbot der Führung gefährlicher Waffen seitens der Schüler und Androhung bezw. Ausführung der Verweisung von der Schule im Uebertretungsfalle; 30. September, enthaltend abschriftliche Mitteilung eines Ministerialerlasses vom 10. September betr. Aussetzen von Unterricht an heissen Tagen (in Zukunft ist in den Anstaltsprogrammen anzugeben, an welchen Tagen der Hitze wegen der Unterricht an dem Nachmittage bezw. in einer fünften Morgenstunde ausgesetzt ist); 6. Oktober, betr. Berechnung des Dienstalters wissenschaftl. Hülfslehrer; 25. Oktober: diejenigen Sekundaner (Primaner), welche Konfirmandenunterricht haben, müssen auch am Religionsunterrichte der Schule teilnehmen; 1. November, enthaltend abschriftliche Mitteilung eines Ministerialerlasses vom 19. Oktober betr. Turnunterricht (von Ostern 1893 an ist die Vermehrung der Turnstunden, die in den neuen Lehrplänen vorgesehen ist, überall durchzuführen); 1. November, enthaltend abschriftliche Mitteilung eines Ministerialerlasses vom 24 Oktober betr. Aufenthalt der Kandidaten der neueren Sprachen in Frankreich oder England; 18. November, Mitteilung eines Ministerialerlasses vom 26. Oktober betr. Förderung der Bestrebungen der Gesellschaft für deutsche Erziehungs- und Schulgeschichte und Empfehlung der Behandlung schulgeschichtlicher Gegenstände und pädagogisch-didaktischer Fragen in den Abhandlungen des Anstaltsprogrammes; 26. November, betreffend Termine der Einreichung von Aktenstücken der Reife- und Abschlussprüfungen; 3. December, betr. Erläuterungen zu den neuen Prüfungsordnungen; 10. Dezember, enthaltend abschriftliche Mitteilung eines Ministerialerlasses vom 2. December betr. Erläuterungen zur Reifeprüfungsordnung und Anweisung genauer Beachtung ihrer Vorschriften; 20. Dezember, enthaltend abschriftliche Mitteilung eines Ministerialerlasses vom 7. Dezember betr. Gebrauch der Homerübersetzung von Voss im deutschen Unterrichte der Realobertertia. 1893: 3. Januar, enthaltend abschriftliche Mitteilung eines Ministerialerlasses vom 21. Dezember 1892 betr. Dispensation

der Konfirmanden vom Religionsunterrichte und demgemässe Abänderung der Verfügung vom 25. Oktober 1892; 11. Januar, enthaltend abschriftliche Mitteilung eines Ministerialerlasses vom 31. Dezember 1892 betr. Pflichtstundenzahl der wissenschaftlichen Lehrer; 11. Februar, betr. Teilnahme von Anstaltslehrern am nächsten naturwissenschaftl.-erdkundlichen Ferienkursus zu Göttingen.

2. Schreiben des Magistrates. 1892: 2. März, 21. April, 5. und 12. Oktober, betr. Verwarnung der Schüler hinsichtlich ungehörigen Verhaltens ausserhalb der Schulzeit; 10. März, betr. Belehrung der Schüler über die Blutlaus; 4. Juni, betr. Vorsichtsmassregeln beim Baden der Schüler; 2. August, betr. Vorsichtsmassregeln bei der herrschenden Choleragefahr; 28. September, betr. den Gegenstand der Verfügung des Kgl. Provinzial-Schul-Kollegiums vom 22. September; 29. November, enthaltend Mitteilung des Beschlusses der städtischen Kollegien betr. Durchführung des neuen Normaletats nach dem Systeme der Dienstalterszulagen und Reliktenversorgung der Anstaltslehrer.

III. Chronik der Schule.

1. Beginn des neuen Schuljahres am 21. April. Die neuen Lehrpläne sind in demselben zur Durchführung gelangt, in einigen Lehrfächern unter Anwendung von Uebergangseinrichtungen. Der Turnunterricht konnte der Unzulänglichkeit der verfügbaren Räumlichkeiten wegen noch nicht in dem geforderten Umfange vermehrt werden.

2. Vom 13. bis 15. Juni fand eine Revision der Anstalt durch den Königl. Provinzialschulrat Herrn Geheimen Regierungsrat Dr. Haeckermann statt; er besuchte den Unterricht aller Klassen.

3. Turnfahrten sämtlicher Klassen am 16., bezw. 16. und 17. Juni; die Primaner traten ihre Turnfahrt (nach dem Harze) bereits am 15. Juni mittags an.

4. Dem Oberlehrer Forcke ward durch Patent des Herrn Ministers der geistl. u. s. w. Angelegenheiten vom 11. Juni der Professortitel verliehen.

5. Wegen hohen Wärmegrades fiel der Nachmittagsunterricht aus am 27. und 31. Mai, 28. Juni, 19., 23. und 30. August; am 24. August fiel aus gleichem Grunde die fünfte Vormittagsstunde, am 22. August die letzte Nachmittagsstunde aus.

6. Der wissenschaftliche Hülfslehrer Stempell war vom 9. bis 22. Juni, der Probandus Dr. Eggers vom 13. August bis 18. September zu einer militärischen Uebung beurlaubt; der Direktor hatte für eine Kur eine Woche Urlaub im Anschlusse an die Sommerferien erhalten.

7. Die diesjährige Sedanfeier konnte der drohenden Choleragefahr wegen nicht in hergebrachter Weise begangen werden; sie beschränkte sich auf das Blasen eines Chorales durch den Bläserchor vom Münsterturme und auf Klassenakte.

8. Trotz des häufigen Auftretens von Scharlach und Diphtherie im Schulorte in den letzten Wochen des Sommerhalbjahres, wodurch der zeitweilige Schluss der hiesigen Volks- und Mittelschule veranlasst wurde, konnte von einer Schliessung des Gymnasiums Abstand genommen werden, da von seinen Schülern nur wenige von den genannten Krankheiten befallen wurden. Im zweiten Vierteljahre des Winterhalbjahres erkrankten zahlreiche Schüler der unteren Klassen an den Masern und waren daher längere Zeit am Schulbesuche behindert.

9. Am Ende des Sommerhalbjahres fand zum ersten Male die in der neuen Prüfungsordnung vorgesehene Abschlussprüfung in U.-II gymn. (und ausnahmsweise auch in R.-2) statt. In Zukunft wird eine solche Abschlussprüfung nach den massgebenden Bestimmungen der Prüfungsordnung nur am Schlusse des Schuljahres (Vierteljahr Neujahr-Ostern) erfolgen.

10. Am Schluss des Sommerhalbjahres beendeten die Probanden Dr. Eggers und Schircks ihr Probejahr, letzterer ward zur Teilnahme an dem Winterkursus der Königl. Turnlehrer-Bildungsanstalt zu Berlin einberufen, ersterer mit Genehmigung des Königl. Provinzial-Schul-Kollegiums in einigen Lehrstunden unentgeltlich am Gymnasium während des Wintersemesters weiter beschäftigt*).

11. Am 11. Oktober Beginn des Winterhalbjahres und Einführung des dem Gymnasium zur Ableistung seines Probejahres überwiesenen Dr. Jordan in sein Amt.

12. Durch Verfügung des Königl. Provinzial-Schul-Kollegiums vom 15. September ward mitgeteilt, dass vom Herrn Minister den fest angestellten wissenschaftlichen Lehrern der Anstalt der Oberlehrer-Titel und der Rang von Räten 5. Klasse der Provinzialbeamten verliehen sei.

13. Der Oberlehrer Amrhein promovierte am 24. November bei der philosophischen Fakultät der Universität Marburg zum Doctor philosophiae.

14. Die Gedenkfeiern für die in Gott ruhenden Kaiser Wilhelm I. und Friedrich III. fanden an den betreffenden Tagen des Schuljahres in hergebrachter Weise statt.

15. Der Allerhöchste Geburtstag Sr. Majestät des Kaisers und Königs Wilhelm II. ward am 27. Januar durch einen öffentlichen Festaktus in der Gymnasialaula gefeiert nach folgendem Programm:

1. Gemeinsamer Gesang von „Nun danket alle Gott", Str. 1 und 2.
2. Singchor: Hymne von Silcher.
3. Festrede des ordentlichen Lehrers Ohlendorf.
4. Singchor: „Heil Dir im Siegerkranz".
5. Schülervorträge:
   - 2. Vorklasse: R. Tröbst: „Der alte Husar" von Hoffmann v. Fallersleben.
   - 1. Vorklasse: Fr. Verclas: „Kaisers Geburtstag" von C. Beyer.
   - Quinta B.: H. Gerdes: „Feldmarschall Derfflinger" von Lehmann.
   - Quinta A.: W. Schneidewin: „Zum Gedächtniss Kaiser Wilhelms I." von Schauenburg.
   - Realtertia: L. Rosenthal: „Meister Erwins Heerschau" von O. Hörth.
   - Gymnasial-Untertertia: W. Wessel: „Dem Vaterland" von Reinick.
   - Gymnasial-Obersekunda: H. Henning: „An Friedrich Schiller" von P. Heyse.
   - Prima: K. Gauss und L. Knigge: Scene aus „Wallensteins Tod" von Schiller.
6. Singchor: Hymne v. Gluck.
7. Gemeinsamer Schlussgesang von „Nun danket alle Gott", letzte Strophe.

16. Schülerkonzert in der Gymnasialaula am 4. März unter Leitung des ordentlichen Lehrers Ohlendorf. Zur Aufführung gelangte neben kleineren Musikstücken (Bläserchor, Instrumentalvorträgen) „König Goldner", Märchendichtung für Soli, gemischt. Chor u. Deklamation von H. Müller. Der Reinertrag des Konzertes ward für den Bläserchor und für wohlthätige Zwecke verwandt.

17. Die Reifeprüfungen siehe Seite 45.

18. Mit Schluss des Schuljahres verlassen die Inspektoren Petersen und Stempell ihre hiesige Stellung. Die guten Wünsche der Schule folgen ihnen bei ihrem Scheiden. An ihre Stelle werden die Kandidaten des höheren Lehramts Helmke und Dr. Behrens treten.

19. Für die Durchführung des neuen Normaletats nach dem System der Dienstalterszulagen, welche mit dem 1. April d. J. erfolgen wird, muss den städtischen Kollegien auch an dieser Stelle der gebührende Dank ausgesprochen werden.

---

*) Georg Eggers, geb. den 21. Febr. 1866 in Lühe bei Stade, erwarb sich das Zeugnis der Reife auf dem Gymnasium zu Stade Ostern 1885, studierte dann auf den Universitäten München und Halle klassische Philologie, promovierte am 8. Nov. 1889 und bestand das Staatsexamen am 18. und 19. Juli 1890 in Halle. Das Seminarjahr leistete er vom 1. Okt. 1890—91 in Göttingen ab, das Probejahr vom 1. Okt. 1891—92 am Gymnasium zu Hameln, an dem er seitdem unterrichtlich beschäftigt ist.

IV. Statistische Mitteilungen.

1. Frequenztabelle für das Schuljahr 1892/93.

	A. Gymnasium												B. Realprogymnasium				C. Vorschule			Gesamt-Summ.
	O. I.	U. I.	O. II.	U. II.	O. III.	U. III.	IVa.	IVb.	Va.	Vb.	VI.	Sa.	U. 2.	O. 3.	U. 3.	Sa.	1	2	Sa.	
1. Bestand am 1. II. 92	8	13	18	24	35	32	25	24	25	26	38	208	16	18	27	61	55	34	89	418
2. Abgang bis Schluss des Schuljahres 1891/92	7	1	3	8	3	1 nach R. 3b.	25 nach R3b 2	2	1	2	—	35	14	—	4	—	28 u. VI	1	29	—
3a. Zugang durch Versetzung	11	14	11	23	26	16	38		35			—	17	20	25 aus IV	—	4	—	—	—
3b. Aufnahme Ostern 1892	—	—	1	1	1	4	6		1		7 u. 28 aus 1. Vkl	49	—	1	1 aus G III b u. 1	25 aus IV u. 3	8	15	23	—
4. Frequenz am Anfang des Schuljahres 1892/93	12	15	13	29	36	25	24	24	23	23	38	262	19	22	30	71	39	44	83	416
5. Zugang im Sommersem.	—	—	—	—	—	—	—	—	—	—	5	5	—	—	—	—	—	—	—	—
6. Abgang im Sommersem.	2	—	2	2	1	—	3	2	1	—	—	13	1	3	1	5	—	2 u. 22 n. 1. Vrkl.	2	
7a. Zugang durch Versetzung Michaelis	—	—	—	—	—	—	—	—	—	—	—	—	—	—	—	—	22	-	—	—
7b. Aufnahme zu Michaelis	—	—	—	1	—	—	1		1	—	1	4	—	—	—	—	—	2	2	—
8. Frequenz am Anfang des Wintersemesters	10	15	11	28	35	25	22	22	23	23	44	258	18	19	29	66	61	22	83	407
9. Zugang im Wintersemester (bis 1. II. 93.)	—	—	—	—	—	—	—	—	—	—	1	1	—	—	—	1	—	2	2	—
10. Abgang im Wintersemester bis 1. II. 93)	—	—	—	—	1	—	—	—	—	—	1	2	—	1	—	1	—	—	—	—
11. Frequenz am 1. II. 93.	10	15	11	28	34	25	22	22	23	23	44	257	18	18	29	65	61	21	85	407
12. Durchschnittsalter am 1. 2. 93.	19,2	18,2	17,8	16,6	15,3	14,4	13,3	13,8	12,1	11,8	10,5		16,2	15,8	14		8,8	7,4		

2. Religions- und Heimatsverhältnisse der Schüler.

	A. Gymnasium							B. Realprogymnasium							C. Vorschule						
	Evang.	Kathol.	Dissid.	Juden	Einh.	Ausw.	Ausl.	Evang.	Kathol.	Dissid.	Juden	Einh.	Ausw.	Ausl.	Evang.	Kathol.	Dissid.	Juden	Einh.	Ausw.	Ausl.
1. Am Anfang des Sommersem.	238	7	—	17	140	113	9	60	—	—	11	44	22	5	70	3	1	9	78	4	1
2. Am Anfang des Wintersem.	230	7	—	15	140	110	8	55	—	—	11	43	18	5	70	3	1	9	77	4	2
3. Am 1. Februar 1893	235	7	—	15	140	109	8	54	—	—	11	42	18	5	72	3	1	9	79	4	2

Das Zeugnis für den einjährigen Dienst haben erhalten Ostern 1892: 33 (Gymnasium 19, Realprogymnasium 14), Michaelis 1892: 2 (Gymnasium 1, Realprogymnasium 1); von denselben sind zu einem praktischen Berufe abgegangen Ostern 1892: 19 (Gymnasium 8, Realprogymnasium 11), Michaelis 1892: 2 (Gymnasium 1, Realprogymnasium 1).

3. Reifeprüfungen.

I. Michaelis 1892. Gymnasium.

Die schriftlichen Prüfungen der Gymnasialabiturienten und der Auswärtigen fanden statt vom 15. bis 18. August, die mündliche Prüfung der Gymnasialabiturienten am 10. September, die der Auswärtigen am 9. September; beide mündlichen Prüfungen unter dem Vorsitze des Provinzialschulrates Herrn Geheimen Regierungsrates Dr. Hauckermann. Das Zeugnis der Reife erhielten:

1. Gymnasialabiturienten.

Lfde. No.	Name	Tag und Ort der Geburt	Konf.	Stand und Wohnort des Vaters	Dauer des Aufenthaltes auf der Schule	in der Prima	Beruf
1	**Borkhorn**, Johannes	27. Oktober 1873 zu Laarsen	luther.	Pastor zu Tostedt	5½	2½	Theologie.
2	**Lessing**, Theodor	8. Febr. 1872 zu Hannover	israel.	Dr. med. zu Hannover	1½	2½	Medizin.

2. Auswärtige.

Lfde. No.	Name	Tag und Ort der Geburt	Konf.	Stand und Wohnort des Vaters	Dauer des Aufenthaltes auf der Schule	in der Prima	Beruf
1	**Köhler**, Otto	5. Juni 1871 zu Frankfurt a. M.	evang.	Garnison-Verw.-Ob.-Insp. a. D. Rechnungsr zu Frankfurt a. M.	—	—	Medizin.
2	**Thiesing**, Adolf	28. Sept. 1869 zu Sulingen	luther.	weil. Schuldirektor zu Hameln	—	—	Medizin.

II. Ostern 1893. A. Gymnasium.

Die schriftliche Prüfung der Gymnasialabiturienten fand statt vom 12. bis 18. Januar, die der Auswärtigen am 13. und 14. Januar, die mündliche Prüfung der Gymnasialabiturienten am 13. März, der Auswärtigen am 14. März, beide mündliche Prüfungen unter dem Vorsitze des Provinzialschulrates Herrn Geh. Regierungsrates Dr. Haeckermann. Das Zeugnis der Reife erhielten:

1. Gymnasialabiturienten.

Lfde. No.	Name	Tag und Ort der Geburt	Konf.	Stand und Wohnort des Vaters	Dauer des Aufenthaltes auf der Schule	in der Prima	Beruf
1	**Gülke**, Heinrich	25. October 1872 zu Hameln	luther.	Strafanstaltsaufseher zu Hameln	14	2	Steuerfach
2	**Lauenstein***), Dietrich	22. Juni 1874 zu Hildesheim	„	Pastor zu Lauenstein	6	2	Theologie
3	**Habenicht***), Carl	31. August 1873 zu Jeggen	„	Rentmeister zu Drantum	6	2	Theologie
4	**Böker***), Hermann	28. Sept. 1872 zu Kirchohsen	„	Tischler zu Kirchohsen	7½	2	Postfach
5	**Ahrens***), Christian	11. April 1873 zu Hallersen	„	weil. Pastor zu Hildesheim	6	2	Militärdienst
6	**Küster***), Ludwig	13. Aug. 1874 zu Ronnenberg	„	Pastor zu Ronnenberg	5	2	Theologie
7	**Schreiber***), Theodor	25. Oktober 1874 zu Lehrte	„	weil. Postmeister zu Lehrte	8	2	Jurisprudenz
8	**Findel**, Hugo	8. Dezember 1872 zu Einbeck	„	Kaufmann zu Einbeck	5	2	Medizin
9	**Kellner**, Emil	30. Januar 1873 zu Uslar	„	Kaufmann zu Uslar	8	2	Philologie
10	**Meyer***), August	11. Januar 1874 zu Frenke	„	Vollmeier zu Frenke	7	2	Postfach

Die mit *) Bezeichneten wurden von der ganzen mündlichen Prüfung befreit.

2. Auswärtige.

Lfde. No.	Name	Tag und Ort der Geburt	Konf.	Stand und Wohnort des Vaters	Dauer des Aufenthaltes auf der Schule	in der Prima	Beruf
1	**Asbeck**, Eduard	5. März 1873 zu Harburg	evang.	Fabrikbesitzer zu Harburg	—	—	Medizin
2	**Hagemann**, Paul	30. Juli 1873 zu Harburg	„	Architekt zu Harburg	—	—	Jurisprudenz
3	**Herre**, Wilh.	28. Juli 1872 zu Magdeburg	„	weil. Kaufmann zu Magdeburg	—	—	Philosophie
4	**Jenckel**, Adolf	6. Sept. 1870 zu Lüneburg	luther.	weil. Kaufmann zu Lüneburg	—	—	Medizin

B. Realprogymnasium.

Die schriftliche Prüfung fand vom 12. bis 17. Januar, die mündliche Prüfung unter dem Vorsitze des Provinzialschulrates Herrn Geh. Regierungsrates Dr. Haeckermann am 14. März statt. Das Zeugnis der Reife erhielten:

Lfde. No.	Name	Tag und Ort der Geburt	Konf.	Stand und Wohnort des Vaters	Dauer des Aufenthaltes auf der Schule	in Unt.-Sek.	Bestimmung
1	**Ahrens**, Adolf	15. September 1873 zu Rohrsen	luther.	Halbmeier zu Rohrsen	11	2	Landwirt
2	**Schürmann***), Max	16. Novbr 1877 zu Osnabrück	israel.	weil. Pferdehändler zu Hameln	9	1	Kaufmann
3	**Becke***), Friedr.	4. Juli 1878 zu Hameln	luther.	Tischlermeister zu Hameln	9	1	Steuerfach
4	**Brandes***), Rudolf	1. Juni 1876 zu Hameln	„	Schuldirektor zu Hameln	11	1	Kaufmann
5	**Blancke***), Otto	20. September 1876 zu Hameln	israel.	Bankier zu Hameln	10½	1	Kaufmann
6	**Kattenstädt**, Hans	24. April 1878 zu Hameln	luther.	Architekt zu Hameln	9	1	Kaufmann
7	**Wilcke**, Friedrich	12. März 1877 zu Peine	„	weil. Holzhändler zu Peine	4	1	Landwirt
8	**Orgelmann***), Leo	21. Januar 1875 zu Hameln	„	Gastwirt zu Hameln	11½	1	Realgymnasium
9	**Bormann***), Johannes	1. August 1876 zu Hameln	„	Schneidermeister zu Hameln	10½	1	Apotheker
10	**Flinsch**, Gustav	13. Oktober 1875 zu Leipzig	„	Kaufmann zu Leipzig	6	1	Kaufmann
11	**Pigge**, Rudolf	4. Okt. 1877 zu Bodenwerder	„	Kaufmann zu Hameln	8½	1	Realgymnasium
12	**Frankenstein***), Max	18. Juli 1877 zu Bösingfeld	israel.	weil. Lohgerber zu Bösingfeld	6	1	Kaufmann
13	**Kuhhelm**, Hugo	15. April 1876 zu Berlin	evang.	Dr. phil. zu Berlin	4	1	Realgymnasium
14	**Specht**, Wilhelm	24. Juli 1877 zu Hameln	luther.	Kaufmann zu Hameln	10	1	Kaufmann
15	**Heine**, Friedrich	24. August 1877 zu Lüneburg	„	Hauptsteueramtsass. zu Hameln	2½	1	Realgymnasium

Die mit *) Bezeichneten wurden von der ganzen mündlichen Prüfung befreit.

V. Vermehrung der Lehrmittel.

1. Allgemeine Bibliothek.

A. Geschenkt. Vom Herrn Minister: Uhlig, Das humanistische Gymnasium, III. Jahrg. Vom Kgl. Prov.-Schulkolleg: Zeitschrift des hist. Vereins für Niedersachsen, Jahrg. 1891. Von der Kgl. Verwaltungs-Kommission zu Hannover: G. F. Händels Werke, Lief. LIII. Das Autograph des Messias von G. F. Händel, 3. Lief. Supplemente enthaltend Quellen zu Händels Werken, 4. (Fünf italienische Duette). Von den betreffenden Herren Verlegern: Einiges Christentum. Volksschrift zur Förderung der Bestrebungen M. von Egidy's, Heft 1. Chadwick, Religion ohne Dogma. Hamelnsche Anzeigen, Jahrg. 1892. Deister- und Weserzeitung, Jahrg. 1892. Vom Herrn Direktor a. D. Dr. Regel hierselbst: Verlust-Liste aus dem Feldzuge 1870/71. Buttmann, Ausführliche Griechische Sprachlehre. Ramshorn, Lateinische Grammatik. Schaefer, Glossarium Livianum. Liskovius, Ueber die Aussprache des Griechischen. Homeri Ilias inst. Fr. Spitzner. Arends, Schilderung des Missisippithales. Vom Herrn Oberlehrer Görges hierselbst: Monatsschrift für das Turnwesen, her. von Euler und Eckler, 11. Jahrg. Vom allgemeinen Leseverein aus den Büchern des historischen Lesevereins hierselbst: Baumgarten, Geschichte Karls V., Band II. Kaufmann, Geschichte der deutschen Universitäten, Band I. v. Poschinger, Preussen im Bundestag, I—IV. Wissmann, Im Innern Afrikas. Mühry, Gedankenlese aus Shakespeare. Ziel, Erinnerungen aus dem Leben eines alten Schulmanns. Stedler, Beiträge zur Geschichte des Fürstentums Kalenberg, III. Vogel, Goethes Selbstzeugnisse über Religion. Baumgarten, Rundgang durch die Ruinen Athens. Natzmer, Unter den Hohenzollern, IV. Grenzboten, 1891, Heft 13—52, 1892, Heft 1—13. Unsere Zeit, Jahrg. 1891. Preussische Jahrbücher, Bd. 67, 68, 69, Heft 1 u. 2. v. Sybel, Historische Zeitschrift, Bd. 62, Heft 2 u. 3, Bd. 63—67.

B. Angeschafft. Literarisches Zentralblatt. Zentralblatt für die gesamte Unterrichtsverwaltung in Preussen nebst Ergänzungsheft 8 u. 9. Neue Jahrbücher für Philologie und Pädagogik. Zeitschrift für das Gymnasialwesen. Zeitschrift für neufranzösische Sprache und Literatur. Zeitschrift für lateinlose höhere Schulen. Fries und Meier, Lehrproben und Lehrgänge, Heft 31—33. Denkschrift betr. die geschichtliche Entwicklung der Revision der Lehrpläne und Prüfungsordnungen für höhere Schulen. v. Moltke, Gesammelte Schriften und Denkwürdigkeiten, I. V. VI. VII. Lehrpläne und Lehraufgaben für die höheren Schulen. Heinemann, Goethes Mutter. Schmidt, Die Staubschädigungen beim Hallenturnen v. Hase, Vaterländische Reden und Denkschriften. Iwan Müller, Handbuch der klassischen Altertumswissenschaft, Bd. II und VII. Grimm, Deutsches Wörterbuch, IV, 1. Abt., II. Hälfte, 9. Lief. und Bd. VIII, 9—11. Rudorff, Der Schutz der landschaftlichen Natur und der geschichtlichen Denkmäler Deutschlands. Gesta Frederici I. Imperatoris in Lombardia. Brugmann, Grundriss der vergl. Grammatik der indog. Sprachen, II. Band, 2. Hälfte, 2. Lief. Register-Band zu den zehn Jahrgängen 1880—89 des Zentralblattes für die gesamte Unterrichtsverwaltung in Preussen. Ribbeck, Geschichte der Römischen Dichtung, III. Frick und Polack, Aus deutschen Lesebüchern, Band I u. V, 1. u. 2. Abt.; 3. Abt., Lief. 1—4. Blass, Aristotelis Πολιτεία Ἀθηναίων. Harnack, Die klassische Aesthetik der Deutschen. Hirschfeld, Hannovers Grossindustrie und Grosshandel. Verhandlungen der Direktoren-Versammlungen, Bd. 40 u. 41. L. Schmidt, Die Ethik der alten Griechen, I u. II. Münch, Tagebuchblätter. Ordnung der Reifeprüfungen an den höheren Schulen und Ordnung der Abschlussprüfungen. Herders Sämtliche Werke, her. von Suphan, Bd. IX. Kratz, Die Berechtigungen der höheren Schulen in Preussen. Statistisches Jahrbuch der höheren Schulen, XIII. Jahrg. v. Hase, Kirchengeschichte I—III.

2. Schülerbibliothek.

Angeschafft. Höcker, Der Sieg des Kreuzes, III—V. Höcker, Unsere deutsche Flotte, I und II. Cooper, Der letzte der Mohikaner. Deutsches Jugendheim. Tiemann, Aus dem alten Sachsenlande, I—V. Weitbrecht, Jugendblätter, Jahrg. 1892. Hess, Geist und Wesen der deutschen Sprache. Aus der Velhagen und Klasingschen Sammlung deutscher Schulausgaben: Schiller, Ueber naive und sentimentale Dichtung, kleine philosophische Schriften, Demetrius; Goethe, Iphigenie, Dichtung und Wahrheit, kleine Schriften zur Kunstgeschichte; Lessing, Nathan der Weise, Hamburgische Dramaturgie, Laokoon, kleinere Prosaschriften; Herder, kleine Prosaschriften; H. v. Kleist, Hermannsschlacht und Michael Kohlhaas; Shakespeare, Heinrich IV., 1 u. 2; Deutsche Prosa, 1 u. 2. Ausserdem Gutzkow, Zopf und Schwert (geschenkt).

3. Sonstige Lehrmittel.

Angeschafft. Leuckhardt, zoolog. Wandtafeln, Fortsetzung. Für das physikal. Kabinet: Radiometer, Wasserzersetzungsapparat, Kompressionsfeuerzeug, Luftthermometer, Apparat zum Nachweis der grössten Dichtigkeit des Wassers.

VI. Mitteilungen an die Schüler und deren Eltern.

1. Oeffentliche Prüfung am Freitag, dem 24. März, in der Aula (Bäckerstr.).

9—9½.	I. u. 2. Vorkl.: Anschauungsüb., Tönnies.	11—11½.	IVa: Französisch, Stöver.
9½—10.	VI: Latein, Stempell.	11½—12.	R. IIIb: Englisch, Petersen.
10—10½.	Va und b: Deutsch, Stoffers.	12—12½.	R. IIIa: Mathematik, Ohlendorf.
10½—11.	IVb: Latein, Stöver.		

Im Prüfungsraum werden die Zeichnungen von Schülern der Gesamtanstalt ausgestellt sein.

2. Auszug aus dem Zirkular-Erlasse des Herrn Ministers der geistlichen, Unterrichts- und Medizinal-Angelegenheiten vom 29. Mai 1880 betr. verbotene Verbindungen (zu vgl. Verfüg. vom 20. Mai 1892).

„Die Strafen, welche die Schulen verpflichtet sind, über Teilnehmer an Verbindungen zu verhängen, treffen in gleicher oder grösserer Schwere die Eltern als die Schüler selbst. Es ist zu erwarten, dass dieser Gesichtspunkt künftig ebenso, wie es bisher öfters geschehen ist, in Gesuchen um Milderung der Strafe wird zur Geltung gebracht werden, aber es kann denselben eine Berücksichtigung nicht in Aussicht gestellt werden. Den Ausschreitungen vorzubeugen, welche die Schule, wenn sie eingetreten sind, mit ihren schwersten Strafen verfolgen muss, ist Aufgabe der häuslichen Zucht der Eltern oder ihrer Stellvertreter. In die Zucht des Elternhauses selbst weiter als durch Rat, Mahnung und Warnung einzugreifen, liegt ausserhalb des Rechtes und der Pflicht der Schule; und selbst bei auswärtigen Schülern ist die Schule nicht in der Lage, die unmittelbare Aufsicht über ihr häusliches Leben zu führen, sondern sie hat nur deren Wirksamkeit durch ihre Anordnungen und ihre Kontrole zu ergänzen. Selbst die gewissenhaftesten und aufopferndsten Bemühungen der Lehrerkollegien, das Unwesen der Schülerverbindungen zu unterdrücken, werden nur teilweisen und unsicheren Erfolg haben, wenn nicht die Erwachsenen in ihrer Gesamtheit, insbesondere die Eltern der Schüler, die Personen, welchen die Aufsicht über auswärtige Schüler anvertraut ist, und die

Organe der Gemeindeverwaltung, durchdrungen von der Ueberzeugung, dass es sich um die sittliche Gesundheit der heranwachsenden Generation handelt, die Schule in ihren Bemühungen rückhaltlos unterstützen. . . . . Noch ungleich grösser ist der moralische Einfluss, welchen vornehmlich in kleinen und mittleren Städten die Organe der Gemeinde auf die Zucht und gute Sitte der Schüler an den höheren Schulen zu üben vermögen. Wenn die städtischen Behörden ihre Indignation über zuchtloses Treiben der Jugend mit Entschiedenheit zum Ausdruck und zur Geltung bringen, und wenn dieselben und andere um das Wohl der Jugend besorgte Bürger sich entschliessen, ohne durch Denunziation Bestrafung herbeizuführen, durch warnende Mitteilung das Lehrerkollegium zu unterstützen, so ist jedenfalls in Schulorten von mässigem Umfange mit Sicherheit zu erwarten, dass das Leben der Schüler ausserhalb der Schule nicht dauernd in Zuchtlosigkeit verfallen kann."

3. Wenn **ein Schüler der Anstalt von einer ansteckenden Krankheit** (Cholera, Ruhr, Masern, Rötheln, Scharlach, Diphtherie, Pocken, Flecktyphus, Rückfallsfieber, Unterleibstyphus, kontagiöse Augenentzündung, Krätze, Keuchhusten) **befallen wird,** so ersucht der unterzeichnete Direktor die Eltern oder Hauswirte um **sofortige Anzeige der Erkrankung,** um die nach dem Ministerialerlass vom 14. Juli 1884 erforderlichen Massregeln zur Ausführung bringen zu können.

4. Das Schulgeld beträgt vom 1. April d. J. an für die Vorschulklassen (vorbehaltlich der Genehmigung des Herrn Ministers) 60 Mark, für alle Klassen von VI. aufwärts 120 Mark jährlich.

5. Aufnahmeprüfung und Beginn des neuen Schuljahres.

1. Zur Aufnahme in die 2. Vorklasse ist die Vollendung des 6. Lebensjahres, in die Sexta die Vollendung des 9. Lebensjahres erforderlich.
2. Bis zum 9. April nimmt der Unterzeichnete schriftliche oder mündliche Anmeldungen neu aufzunehmender Schüler entgegen.
3. Die **Aufnahmeprüfung** findet am **Montag, dem 10. April, morgens 9 Uhr,** im Gymnasialgebäude statt. Die zu prüfenden Schüler haben Feder und Papier mitzubringen.
4. Bei der Aufnahme ist ein **Tauf-** (oder **Geburts-**) **Schein** und ein **Impf-,** bezw. nach Vollendung des 12. Lebensjahres ein **Wiederimpfschein** vorzulegen. Bei evangelischen Schülern ist die Vorlegung eines **Taufzeugnisses** erforderlich.
5. Der Unterricht des neuen Schuljahres beginnt **Dienstag, den 11. April, morgens 7 Uhr.**
6. Nach § 3 der Schulordnung haben auswärtige Schüler **vor** der Wahl oder der **Veränderung** der Wohnung die **Genehmigung des Direktors** einzuholen.
7. Die in die **VI. eintretenden Schüler** haben sich die **neueste** Auflage der Ellendt-Seyffert-schen Lateinischen Grammatik anzuschaffen; empfohlen wird die Anschaffung von Debes, Schulatlas für die mittleren Klassen höherer Schulen. Zu vgl. ausserdem die **Bemerkung am Schlusse des Verzeichnisses der Lehrbücher auf Seite 40.**

Hameln, den 16. März 1893.

Der Direktor **Dr. Dörries.**